지금,
여기의
아나키스트

지금, 여기의 아나키스트 ⓐ

지은이 / 김성국 외
펴낸이 / 강동권
펴낸곳 / (주)이학사

1판 1쇄 발행 / 2013년 6월 28일

등록 / 1996년 2월 2일 (등록번호 제 03-948호)
주소 / 서울시 종로구 안국동 17-1 우 110-240
전화 / 02-720-4572 · 팩스 / 02-720-4573
이메일 / ehaksa@korea.com

ⓒ 한국아나키즘학회, 2013, Printed in Seoul, Korea.

ISBN 978-89-6147-179-4 03300

이 책의 저작권은 한국아나키즘학회와 저자가 가지고 있습니다.
저작권법에 의해 보호를 받는 저작물이므로 이 책 내용의 일부 또는 전부를
재사용하려면 저작권자와 (주)이학사 양측의 동의를 얻어야 합니다.

* 책값은 뒤표지에 표시되어 있습니다.

이 도서의 국립중앙도서관 출판시도서목록(CIP)은 e-CIP 홈페이지(http://www.nl.go.kr/
ecip)와 국가자료공동목록시스템(http://www.nl.go.kr/kolisnet)에서 이용하실 수 있습니다.
(CIP제어번호: CIP2013008933)

지금,
여기의
아나키스트

김성국 외
지음

머리말

 거창하고 화려한 백 마디의 말보다는 한 가지 작은 일이라도 실행하라. 직접행동을 추구하는 아나키스트의 실천 논리이다.

 흔히 아나키스트는 낭만적, 몽상적 유토피아주의자로 간주된다. 거기에 더하여 아나키스트는 폭력과 무질서를 야기하는 위험분자로 분류된다. 그렇다. 그것은 근대라는, 이제는 서서히 약화되고 있는 한 시대에 통용되던 지식인 사회의 관행이자 편견이었다.

 특히 사회주의나 자본주의에 관계없이 모든 국가주의자는 자유와 해방을 요구하며 자신들에게 정면으로 도전해 오는 아나키스트의 정당한 테러리즘을 사회질서를 파괴하고 혼란을 조장하는 폭력적 행위로 왜곡·과장하였다.

 그러나 역사를 한번 되돌아보자.

 사회주의혁명이라는 미명하에 얼마나 많은 사람이 숙청·처형되었던가? 또 제국주의 전쟁의 광란 속에서는 수천만의 남녀노소가 희생되지 않았던가?

 과거 아나키스트의 산발적 소수 테러 행위는 평화적 수단이 박탈된 절내적 폭력과 억압(예컨내 일세 식민지 지하) 속에서 자기

희생을 담보로 선택된 투쟁 방식이었다. 그로 인한 인명 피해는 좌우의 폭력적 국가주의자들이 저지른 끔찍한 살상 행위에 비하면 그야말로 미미할 뿐이다.

근본적으로 아나키즘은 평화, 즉 폭력이 없는 세상을 원한다. 나아가 목적과 수단의 일치를 추구하는 아나키즘은 비폭력적 수단으로 평화를 구현하도록 아나키스트들에게 요구한다. 반폭력주의로서 아나키즘은, 애석하게도, 국가 폭력의 변형인 파시즘, 나치즘, 제국주의, 극단적 민족주의, 인종주의 등이 횡행하던 근대 세계에서는 제대로 실현되지도, 평가받지도 못하였다.

이제 탈근대의 물결이 밀려오는 21세기의 도래와 함께 아나키즘의 진정한 정체성이 조금씩이나마 인정되기 시작한다. 한편으로는 아나키스트들이 강조하던 낭만적 감성, 파괴적 상상력, 현실적 유토피아에 대한 비전은 새로운 시대를 개척하는 전위 혹은 좌표가 된다. 다른 한편으로는 직접행동의 원리에 따라서 현실에서 아나키즘의 씨앗을 뿌려 싹을 틔우고 열매를 거두는 아나키스트 실용주의가 체제 변화의 지속 가능한 동력이 된다.

아나키스트들은 반 (신자유주의적) 세계화 운동의 최전선에서 검은 깃발을 펄럭이며 선구적 저항 행동을 이끈다.

아나키스트들은 인터넷의 자유와 공유를 위해 사이버 반란을 조직한다.

아나키스트들은 협동조합 운동, 지역 통화 운동, 장애인 주체 운동, 새로운 페미니즘으로서 남녀 협동 운동 등을 비롯한 각종 공동체 운동의 현장에서 고군분투한다.

아나키스트들은 급진적 생태 전사로서 기성세력으로 제도화되고 있는 환경 운동을 경고한다.

아나키스트들은 자유교육의 선구자요 학교 체벌/폭력의 반대자로서 교육의 권력화와 상업화를 적극 저지한다.

이와 같은 아나키스트의 저항 전선과 연합 전선은 모든 형태의 폭력적 억압을 거부하고 제거하는 데 집중한다. 나아가 상호부조와 협동을 통해서 자주 관리, 자치 질서, 자율 선택의 아나키 사회를 건설하고자 한다. 그러므로 아나키스트의 반폭력주의와 협동주의는 국가권력과 충돌하고 자본 논리를 공격하지 않을 수 없다.

오늘날 여기저기에서 국가의 한계 그리고 자본의 실패가 더욱 더 분명해지고 있다. 국가에 의한 위로부터의 계획, 개입, 통제를 신봉하던 좌파적 실험은 빈곤과 억압을 대량생산하는 국가사회주의로 파산되었다. 소수 기득권자의 일방적 승리가 보장되는 경쟁 체제를 기반으로 성장, 재분배, 복지를 추구하는 우파적 정책은 불평등과 실업을 만연시키는 국가자본주의로 연명하고 있을 뿐이다.

속칭 제3의 길이라 불리는 사회민주주의는 어떤 상황인가? 다소 거칠지만 핵심을 찌르자면, 그것은 국가자본주의의 아류로, 비록 세련되고 인간적인 모습을 보여주고자 하나 조만간 복지국가의 신화가 끝나면서 그 사상누각이 무너지게 될 것이다.

왜냐고? 사회민주주의를 지탱하는 민주주의는 낡은 20세기의 유물일 뿐이다. 삶의 주인으로서의 인민, 민중, 시민을 위한 진정한 민주주의는 아직 제대로 성숙하지 못한 상황이다. 이미 그 억

기능이 만천하에 명명백백해졌지만 차선책이 없다는 이유로 지금까지 유지되는 엘리트주의에 입각한 권력 집중형 대의제 민주주의는 전면적인 수술을 필요로 한다.

물론 시간이 걸릴 것이다. 그래서 "지금, 여기"는 참으로 중요하다. 어쩌면 우리의 삶에서 가장 좋은 순간은 아직 오지 않았기 때문에 그날을 위해서라도 오늘 이 자리는 성찰과 결단, 고난 속의 즐거움, 협력과 조화를 발견하고 창조하는 절대적 현장이다. 그래서 이 책의 필자들은 과거에 연연하거나 미래에 집착하는 대신 "지금, 여기"라는 현장과 현실에 주목한다.

극즉반(極卽反). 한 세상이 다하니 다른 세상이 오는 시점이다. 우리 선조들이 기다린 천지개벽의 징조가 느껴진다. 대안 사회에 대한 관심과 논의가 그 어느 때보다도 활발하다. 우리 아나키스트들도 시대적 요청에 부응해야 한다.

1996년 몇몇 한국의 아나키스트가 이념적으로 매우 척박한 환경 속에서도 아나키즘을 소개하는 책, 『아나키 · 환경 · 공동체』를 출간하였다. 여전히 맑스주의 계열의 이념이 풍미하던 시절이었지만 아나키스트들의 고적하나 고매한 외침은 시작되었다. 이후 대구아나키즘연구회, 부산아나키즘연구회 등의 연합체로서 한국아나키즘학회도 만들어지고, 아나키즘 연구자와 아나키스트 활동가도 늘어났다. 특히 인터넷의 등장은 소수 이념인 아나키즘의 활동 무대를 전 지구적으로 확장시켰다. 기억하라. 인터넷 작동의 근본원리와 기본 가치는 바로 아나키즘이라는 사실을!

이처럼 세계적 차원에서 일종의 아나키즘 부활 현상이 확산되는 가운데 한국의 아나키스트들은 구체적으로 한국 사회를 향해 한번 목소리를 내보고자 한다. 물론 한국에는 여러 가지 다양한 음색과 음정을 지닌 아나키스트들이 존재한다.

무엇보다도 이 책의 필자들은 역량 부족으로 아직은 독창적이면서도 원숙한 소리를 내기에 이르지 못하고 있다. 어쩌면 여러 글에서 별로 새롭지도 않은 중구난방의 아우성만이 요란할지 모르겠다. 그럼에도 불구하고 우리가 목소리를 내는 이유는 독자 여러분으로부터 가차 없는 비판과 질책을 듣고, 생산적인 대화와 토론을 통해 상호 존중하는 연대와 협력의 기회를 얻기를 절실하게 기대하기 때문이다. 이 책의 필자들은 일생을 아나키스트로 살아온 원로부터 최근에야 아나키스트의 길을 택한 사람까지 다양한 분야의 다양한 이들로 구성되었다. 개별 필자들이 자신의 고유한 목소리를 낼 수 있도록 어떤 공통의 혹은 표준적 지침도 만들지 않았다.

이 책의 구상은 2011년 한국아나키즘학회 부산학술대회에서 '초대 회장 김성국 교수의 2012년 정년 퇴임'을 기념하자는 취지에서 출발하였다. 학회가 주도한 아나키스트 협동 작업의 첫 작품이다. 이학사 강동권 대표(현 한국아나키즘학회 회장)의 헌신적 추진과 지원이 있었기에 우리는 "지금, 여기"의 아나키스트들의 목소리를 낼 수 있게 되었다. 박연규 전 부회장의 도움 또한 분명히 기록에 남기고 싶다. 이번에는 참여하지 못한 많은 아나키스트 동지가 다음 기회에 반드시 동참할 수 있기를 기대한다.

단군 이래 최고의 국운을 누린다던 한국 사회가 순식간에 엄청난 위기에 봉착하였다. 그것은 경제적 위기만이 아니다. 정치적 위기는 워낙 오래된 고질병이라 치더라도 더 근본적인 문제는 사회적 혹은 정신적 위기이다. 부정과 부패, 범죄와 비리, 도덕과 윤리의 실종, 불신과 적대감, 정신적 황폐화, 욕망의 무절제한 분출 등의 사회적 해체 현상은 참으로 심각하다. 지도자들만의 문제가 아니라 일반 시민들도 악의 순환 과정에 급속히 빨려들고 있다. 한때는 동방의 등불이자, 동방예의지국이었던 우리가 어쩌다 이 지경이 되었는가.

탈물질주의 시대가 예고된 오늘날 경제적 활력과 풍요보다도 더욱 중요한 것은 정신적 안정과 성숙이다. 이와 같은 시대적 상황을 고려할 때 현대의, 특히 한국의 아나키스트는 기존 서구의 (사회)혁명적-저항적 전통과 함께 동양적 노장사상으로부터 현실 개선의 실마리를 찾을 필요가 있다.

현실의 질곡을 타개하고자 한국의 선배 아나키스트들은 세계에 유례없는 창조적 파괴의 정신으로 아나키스트 정치의 지평을 개척하였다(예컨대 독립노농당, 민주통일당 등). 반정치의 정치(anti-political politics), 무위(無爲)의 정치, 비통치적 통치(government of non-government)와 같은 역설적 지혜로써 현실의 모순에 대처하고자 했다. "지금, 여기"의 아나키스트들은 이 찬연한 그러나 지난한 길을 어떻게 새롭게 만들어야 할지를 심각하게 고민해야 할 것이다. 주사위는 벌써 던져진 것이 아닐까?

한국을 비롯해 전 세상이 거대한 혼란과 무질서에 휩싸여 있는 것처럼 보인다. 전 지구적 세계화와 인터넷에 의한 네트워킹으로 기존의 세계가 급속하고도 광범위하게 잡종화(hybridization)되고 있기 때문이다. 과학기술의 무서운 발전은 인간 존재와 우주의 신비를 탈주술화시키고 있다. 새로운 시대가 어둠 속에서 창조적 파괴를 통하여 서서히 등장하는 것이 아닐까?

아나키스트는 무엇을 해야 하는가? 어떤 시처럼, 아름답고 순수하면서도 단호하게 사회의 불의에 비수를 꽂거나, 온갖 폭력적 억압을 폭파시키며 자신을 승화하는 시적 테러리즘(poetic terrorism)이 충만한 자율적 해방 공간(TAZ: temporary autonomous zone)을 "지금, 여기"에서부터 넓혀나가자. 이제는 혁명적 테러리즘의 신화를 벗어나 잡종적 실용주의가 실행되는 "지금, 여기"에서 미래를 키우자.

현실은 엄혹하다. 그러므로 다시 한번 강조하고 싶다. 불가능을 요구하라, 그러나 현실을 직시하자(Demand the Impossible, but Be Realistic)!

김성국
2013년 5월, 의열단의 고향, 밀양 어느 산골에서,
밤하늘에 빛나는, 유명을 달리한 아나키스트 전사들이 남긴,
내 마음의 별들을 바라보며

차례

머리말 5

제1부 한국 사회의 아나키스트 재구성

한국 경제를 위한 아나키스트 대안_김성국 17

아나키스트 정치 구상_강동권 39

아나키즘과 동아시아 공동체_조세현 69

국가를 어떻게 볼 것인가?_방영준 81

동양 고전과 현대 아나키즘_이덕일 95

분단 시대 한국 아나키스트 운동과 자유공동체_이문창 111

한국의 급진주의적 사회운동과 아나키즘_이창언 137

제2부 아나키스트 공동체의 탐구

한국 공동체 운동의 경향과 의미_김성균 155

지역공동체를 살리는 지역 통화_윤용택 171

장애인 노동의 르네상스를 꿈꾸며_정중규 187

"낳아라, 사랑하라, 간섭하지 말라."_이소영 201

아나키즘적 협동조합공동체 사회 건설 구상_임해수 219

아나키즘과 노동 소외_김민정 235

일상, 21세기 한국과 아나키즘_강효숙 251

제1부

한국 사회의 아나키스트 재구성

한국 경제를 위한 아나키스트 대안

김성국

1. 어떤 아나키즘인가?

아나키즘에는 다양한 조류가 있다. 아나키즘은 개인주의 혹은 생활양식주의 대 사회주의 혹은 (혁명적) 변혁주의라는 양대 담론을 축으로 이념적 분화가 이루어졌다. 나는 양대 조류의 종합 혹은 잡종화를 추구한다(김성국, 2012). 그래서 영국 아나키스트 콜린 워드(Ward, 1973)가 추구하였던 실용적(pragmatic) 혹은 실제적(practical) 아나키즘을 선호한다.

아나키스트는 천 마디의 화려한 말보다 한 가지 행동을 더 높이 평가하는 직접행동(direct action)의 전사이다. 혁명의 주체도, 열기도, 희망도 사라진 탈근대사회에서 아나키스트가 가야 할 길은 분명하다. 정신은 철저하고 급진적인 원칙을 추구하되 행동은 현실에 입각한 실천주의를 지향해야 한다(Demand the Impossible, but Be

Realistic!). 시대착오적인 공허한 이상주의 노선이 아니라 현실에 적용 가능하며, 작은 목표일지라도 현실 개선을 위한 구체적 대안을 준비하는 것이 21세기 아나키스트의 과제이다. 동양의 위대한 아나키스트 사상가인 노자와 장자는 비폭력적 방식과 소박한 지혜를 가지고도 사회를 바꾸고, 안락하게 살 수 있는 길을 가르쳐 준다.

2. 세계경제 위기와 자본주의 4.0

21세기와 더불어 우리는 문명사적 대전환기를 체험한다. 한편으로는 최첨단 과학기술혁명을 선도하는 정보혁명이 전 세계를 네트워크 사회로 재편하여 사회적 연대와 협력의 가능성을 제고하지만, 다른 한편으로는 신자유주의의 위기로 인해 세계경제가 침체에 빠져들어 실업과 빈곤이 만연하는 사회 양극화 혹은 사회적 분열이 심화된다. 역설적이지만 사회경제적 위기와 기술적 기회가 동시에 21세기를 규정한다.

한국 사회도 유사한 국면을 맞이한다. 경제 분야에 한정해서 언급하자면, 대기업 주도의 전자, 자동차, 조선 산업과 일부 문화 산업 등은 호황 속에 전진하는 반면, 중소기업 및 영세 상인의 도산으로 중산층 붕괴, 청년 실업 만성화 그리고 가계 부채의 폭증과 같은 우울한 상황이 드러난다. 나아가 급속한 노령화와 복지 수요의 증가에 따른 국가재정의 고갈이라는 구조적 위기가 미래를 암

담하게 만든다.

이와 같은 딜레마적 상황에서 한국의 아나키스트는 어떤 경제적 진단과 처방을 제시할 수 있을까?

세계 자본주의의 위기가 장기화되면서 한국 경제도 침체와 불황으로 비틀거린다. 우울한 진실이지만, 한국은 앞으로 더 이상 과거와 같이 고속의 고도성장을 하기 어렵다. 보다 솔직히 말하자면, 긴 저성장의 컴컴한 터널이 한국을 기다린다. 고령화와 저출산에 따른 생산적 노동력의 부족, 폭발적인 복지 수요에 따른 국가재정의 팽창, 남북한 평화 및 협력 관계 유지에 필요한 군사 정치 비용의 증가, 중국을 비롯한 세계시장의 위축, 부정부패에 따른 예산 낭비 등을 고려할 때 한국 경제의 전망은 비관적이다. 어쩌면 지난 50년간 화려하게 호황을 누렸으니 이제는 불황에 대비할 때인가 싶다.

이미 불황의 그림자가 도처에 스며들고 있다. 우리의 살림살이를 살펴보자. 결혼하고, 집 사고, 아이 교육시키느라 빚내고 허덕이는 허니문 푸어, 하우스 푸어, 에듀 푸어가 가득하며, 설상가상으로 은퇴 후가 막막한 실버 푸어도 늘어만 간다. 어떻게 이 난관을 헤쳐 나갈 수 있을까? 희망의 지평선으로 우리를 인도할 아나키스트의 활로는 무엇인가? 실낙원(失樂園)은 감수하더라도 지옥까지야 갈 수 없다.

기존의 정통 좌파가 내놓은 해답들(예컨대 각종 조세 증가 정책을 통한 국가재정의 확대와 복지 확장, 국가 소유/관리 산업의 확장에 의한 물가 인상 억제 및 사회적 편익 증대, 그리고 노동조합 및 농민 조직에 의존하는 조합주의 정치 등)은 그 효력이 상실되었거나 의심스러울 뿐이다. 그들의 최대 강점이자 최고 무기는 자본주의의 모순과 위기를 분석하여, 치유 불가 혹은 회복 불능이라는 진단을 내리는 것이었다. 불행히도, 한때 그들이 제시한 처방인 (국가)사회주의는 만병통치약이 아니라, 최대 다수에게 최대 빈곤과 최대 고통을 안겨준 끔찍한 실패로 끝장이 났다.

최근 자본주의에 대한 일단의 비판적/반성적 지지자들이 "자본주의 4.0"이라는 요상한 처방을 내놓았다. "따뜻한" 자본주의라는 기치를 내걸고, 부자들 혹은 자본가들의 사회적 책임(social or corporate responsibility)을 강조하면서 "착한 자본가들에 의한 시장의 재활성화"를 전망한다. 제대로 작동할 수 있을까? "매우 의심스럽다."는 것이 아나키스트들의 판단이다. 그 이유는? 그리스와 스페인 사태에서 부자 나라는 물론이고 가난한 나라도 똑같이 탐욕과 무책임 그리고 정권 유지와 쟁취라는 권력 게임의 법칙을 드러내 보였기 때문이다.

역사적으로 자본주의가 위기를 통해 발전해왔다는 것은 절반에도 못 미치는 유사 진실일 뿐이다. 제국주의적 약탈과 전쟁 그리고 신식민주의적 지배를 통해 비서구 세계를 빈곤과 굴욕의 대지로 황폐화시킨 후에야 살아난 서구형 복지 자본주의를 두고 위기를 극복한 자본주의라고 칭송할 수 있을까? 혁명의 소용돌이 속에서 엄청난 인민들을 학살하고, 기아에 시달리게 한 후에야 시장사회주의라는 간판을 내건 중국 덕분에 겨우 성장을 계속하나 불평등은 더욱 확대·심화되는 21세기 신자유주의는 어떤 성공을 이룬 것인가? 혹은 전쟁과 군수산업 및 전후 재건 사업을 통해서 경제에 활력을 부여하는 흡혈귀 자본주의는 여전히 세계 평화와 서구식 민주주의의 이름으로 횡행하지 않는가?

자본주의 4.0이 어떤 근본적인 자기반성과 자기 변혁 없이 이 다수 희생-소수 성공이라는 고질적 모순을 극복할 수 있을까? 그 대답은 분명히 "아니요."이다. 오늘의 자본주의가 앓고 있는 병은 빤짝 효과조차 의심스러운 부자들의 책임, 요컨대 기부나 증세로 고쳐질 수 없다. 자고로 (사회주의의 한계와 실패를 미리 예언한 듯) "가난은 나라도 구제하지 못한다."고 했는데, 소수의 자본가들이 자기희생의 결단으로 자기 발등을 찍으면서 세계를 구하려 하겠는가? 아나키스트들은 21세기 자본주의의 위기가 이 정도 수준의 임시변통적인 대응으로 극복되리라고 믿지 않는다.

3. 아나키스트 경제철학

현대 자본주의의 최대 문제는 오직 경쟁에만 매달릴 뿐, 협동을 무시한다는 것이다. 인간 사회는, 마치 음양이 조화를 필요로 하듯, 협동과 경쟁의 조화 속에서 균형과 안정을 이룬다. 어느 한쪽이 과도하게 세력을 가질 경우, 사회에는 분열과 혼란 혹은 침체와 획일화가 만연한다. 위대한 러시아 아나키스트 피터 크로포트킨(Peter Kropotkin)의 지혜로운 경고를 따라서 우리는 협동을 강조하지만, 결코 경쟁을 부정하지 않는다. 다만 오늘의 빈사 상태 자본주의를 회복시키기 위해서는 협동의 경제 윤리를 더욱 확실하게 강조할 필요가 있다.

많은 아나키스트가 당대의 자본주의 체제를 대체하거나 보완할 수 있는 다양한 경제 논리나 실천 방안을 제안하였다. 초기 공상적 사회주의자들[1]의 유토피아 공동체 경제론으로부터 최소 국가와 최대 시장을 요구하는 현대의 아나르코 자본주의자(anarcho-capitalist)에 이르기까지 그 내용은 매우 흥미롭다.

일찍이 프루동(Proudhon, 1890[1840])은 "재산 소유는 도적질이다(Property is Theft)."라는[2] 촌철살인의 경구를 통하여 아나키스트 경제철학의 기반을 마련했고, 이어서 크로포트킨은 상호부조의 지혜를 통하여 아나키스트 경제 실천의 좌표를 설정하였다. 한때 맑스는 프루동의 주장이 철학의 빈곤을 드러낸다고 비난하였지만, 세월이 흐른 오늘의 역사는 오히려 맑스의 철학이 경제적 빈곤의 지속 심화에 기여한 반면, 프루동의 예언은 자본주의적 빈곤

---

[1] 맑스가 자신의 성숙한(?) 과학적 사회주의에 대비되는 의미에서 경멸적으로 사용한 "공상적(utopian)" 사회주의라는 용어는 이제 긍정적이고 적극적으로 재해석되어야 한다. 왜냐하면 공상은 현실보다는 이상을 위한 인식이므로 오늘날 정보 지식사회가 요구하는 창조적 상상력의 요람이기 때문이다. 맑스가 과학적 사회주의자로 변신한 이후 맑스주의는 초기의 소외론이 보여주었던 인간주의적 전통을 파기하면서 구조/토대 결정론적 유물론과 권위적 정치혁명론으로 경직화하였다.

[2] 도적질이라는 규정은 다소 지나치게 들릴지 모르나, 상당한 적실성을 가진다. 현실적으로 부의 소유란 축적 과정에서 상대방 혹은 전체 사회 성원들의 축적에 비해서 상대적으로 과다하게 소유한 결과이다. 요컨대 상대방이 가져가야 마땅한 몫까지, 법의 이름으로 혹은 관행에 의해서 내 것으로 챙겼으니 일종의 도적질이 되는 셈이다.

과 불평등의 단절과 제거를 위한 가장 근본적인 출발점이라는 사실을 확인시켜준다. 재산 소유는 상속을 통해 부와 지위의 세습을 세대를 걸쳐 지속시키기 때문에 경제적 불평등의 핵심적 구조인 것이다.

재차 강조하지만, 경제적 불평등의 가장 심각한 원천은 소득 격차라기보다는 부모로부터의 물질적 (그리고 비물질적) 재산 상속이다. 오늘날 한국 사회에서 부모로부터 집을 받는 사람과 그렇지 못한 두 사람의 월급쟁이가 각각 걸어야 할 미래의 길은 너무도 확연하게 갈라지지 않는가? 더욱이, 각종 연줄에 따른 정실 인사가 사라졌다고는 하지만 부모의 사회적 지위가 높은 자식들이 취업 전선과 승진 기회에서 여전히 상대적으로 유리하다는 것은 모든 사회가 숨기고 싶은 불편하고도 고통스런 진실이다. 누구나 선망하는 고위 전문직의 직업적 상속은 앞으로 더욱 증가할 것이다. 세세손손 부귀영화가 전승되는 신귀족 사회의 도래는 미래가 아니라 현실이 되고 있다. 개천에서 더 이상 용이 나지 않는다. 조기 교육과 고액 과외로 천재와 수재가 만들어지는 세상이다.

모든 사회에 존재하는 각종 권력 집단의 존재 또한 경제적 불평등을 야기하는 원천이다. 권력 집단은 흔히 낮에는 엄숙한 얼굴로 사회정의와 국가 민족을 논하지만, 어둠이 깃들면 사리사욕과 내 새끼/내 친구/내 패거리를 앞세우는 두 얼굴의 실체다. 크고 작은 권력형 부정부패의 유혹으로부터 초연한 공직자가 얼마나 될까?

그렇지만 현실적으로 사유재산의 상속을 폐지할 수도 없고, 권력 집단의 존재를 부정할 수도 없다. 기득권이 미칠 수 있는 부정적인 경제 효과를 최소화시킬 수 있는 방안을 강구해야 한다. 나아가 기득권자와 사회적 약자가 서로 조금씩 양보하고 타협하여 불평등과 갈등 속에서나마 균형을 이루며, 그리고 미래에 대한 희망을 지니면서 함께 살 수 있는 길은 없는가? 프루동과 크로포트킨이 제시한 새로운 경제 윤리의 의미를 재음미해보자.

프루동은 남보다 더 많은 재산의 소유자, 즉 사회적 기득권자가 자신의 재산 형성 과정을 성찰적으로 되돌아볼 것을 요구한다. 세상만사는 혼자서 이루는 것이 아니다. 남과 함께, 남에 의존해서 혹은 사회 전체가 축적한 전통과 제도, 가치와 규범에 기반하여 노력할 때 개인적 성취가 가능하다. 어쩌면 그저 남보다 운이 좋아서 대박을 얻는 경우도 적지 않다. 그렇다면 현재 자신이 누리는 안락과 풍요를 남들과 조금 나누어 갖는 것이 인간의 도리이고 지속 가능한 인간 사회의 도덕률이 아니겠는가? 부자가 천국에 가기가 왜 어렵다고 하는지 깊이 통찰해야 할 것이다.

크로포트킨(Kropotkin, 1902)의 공동체적 상호부조론은 과도한 자본주의적 (그리고 국가주의적) 경쟁 체제의 모순과 한계를 치유할 수 있는 가장 유효한 방안이다. 상호부조, 즉 협동이 없는 경쟁 사회는 욕망의 제국을 향해 맹목적으로 돌진한다. 오늘날 자본주의 체제의 모순을 그나마 상당히 완화시키는 여러 협동경제적 혹은 공동체적 시도들, 예컨대 가장 성공적인 것으로 평가받는 생산자 협동조합인 스페인의 몬드라곤 공동체는 크로포트킨의 상호부조론과 밀접하게 연결된다.[3] 아나키스트들이 주도한 스페인 혁명의 슬프지만 굳건한 전통이 자유해방의 경제 공동체 몬드라곤을 탄생시켰다면, 오늘날 스페인이 당면한 국가 부도 위기는 독재자 프랑코가 남긴 무책임한 국가주의의 악령 탓이 아닐까?

4. 한국 경제를 위한 아나키스트 처방

오늘의 한국 경제를 "중병을 앓으면서도 아직 괜찮다고 믿는 환자"로 규정하고 싶다. 재벌 왕국은 대대손손 번성하고자 온갖 탐욕과 비리를 저지르며 나날이 강성해지고 있다. '통큰 치킨'에서부터 골목길 빵집까지 넘보는 재벌가의 독식 취미는 서민 창업과 골목 상권의 씨를 말린다. 현대판 노예 계약을 연상시키는 하청 관행으로 중소기업을 착취하고 억압하는 약육강식의 구도는 여전히 강고하다. 저축은행의 부실과 파산의 배후 세력인 정경유착의 검은 고리는 깨어질 줄 모른다. 폭발 직전으로 치닫는 국가 부채와 가계 부채에도 아랑곳하지 않은 채 너도나도 무상 복지, 완전 복지를 요구하고 장담하니, 누가 그 돈을 만들어낼까? 날만 새면 싸움질로 허송세월하는 정치가란 자들은 자기 주머니는 일치 단결하여 틈틈이 늘려나가고, 자기 몫 챙기기에는 혈안이지만, 국가 백년대계를 위한 생산적인 법안을 제대로 통과시키는 법이 있던가?

---

3 아나키스트 경제학의 핵심인 협동조합형 경제는 이 책의 다른 필자가 논의할 것이므로 생략한다.

나라 형편이 이러함에도 불구하고, 그래도 경제성장이 그럭저럭 유지되는 까닭은 망국의 설움 속에서도 피땀 흘려 이룬 조상들의 적선 적덕 때문인가? 아니면 그것은 태풍 전야의 불길한 정적인가? 대폭발 직전의 화려한 잔치판인가? 이제 우리 경제는 새롭게 일어서기에 너무 늦었는가? 크게 일어나지는 못하더라도 나자빠지지 않을 길은 없을까? 사회주의 실험(국가)도 실패하고, 자본주의 경쟁(시장)도 끝장을 보고 있으니, 한번 속는 셈치고, 아나키스트가 제시하는 길을 검토해보자.

다행스러운 것은, 실용적 아나키스트 콜린 워드가 참으로 적절하게 지적했듯이, 아나키스트 대안은 우리의 척박한 경제 현실 속에서도 그간 꾸준히 싹을 틔우고, 이미 자라나고 있다는 사실이다. 조금만 더 관심을 갖고 열심히 키우면 되는 것이다. 21세기 아나키스트는 결코 자본주의 체제를 부정하거나, 무너뜨리려 하지 않는다. 그럴 능력도 없지만 그럴 필요도 없다. 자본주의 속에서 아나키스트 경제의 싹을 꾸준히 키워나가면 된다. 언젠가는, 아나키스트 경제 논리가 자본주의 질서를 대체하거나 재창조할 수도 있다.

한국 경제의 올바른 회생을 위해 세 가지 아나키스트 처방을 내리고자 한다. 일자리 나누기, 권력형 부정부패 청산, 탈물질주의의 생활화이다. 이 처방들은 상호부조의 협동 원리, 강제와 폭력을 거부하는 반권력의 원칙, 자유해방을 위한 자기 조직이라는 아나키스트 원칙에서 도출한 것이다.

1) 일자리 나누기

일자리 부족 문제를 완화하기 위해 "일자리 나누기(Job sharing)"를 저임금 지대를 제외하고, 전 분야의 전 직종을 대상으로 거국적으로 추진해야 한다. 임금이 적더라도 사람은 일을 하고 살아야 하며, 단돈 몇 푼이라도 세금을 내어 사회 구성원으로서의 의무를 해야 한다. 상대적 고임금 직종의 임금 상승은 최대한 억제하고, 필요하다면 임금을 다소 줄이면서, 그 잉여 차액으로 새로운 일자리를 만들어야 한다. 중앙정부는 낭비성 예산 지출과 불필요한 기구의 신설 및 증설을 철저히 억제하면서 서민 생활의 최대 위협인 생필품 가격, 주택 가격 등의 안정을 통하여 저임금 취업자의 생계 부담을 최소화해야 한다. 아울러 고용 효과가 큰 중소기업을 적극적으로 육성하여 진정한 의미의 대기업과 중소기업의 동반 성장을 과감하게 추진해야 한다.

일자리 나누기를 제대로 실천하기 위해서는 대기업 종사자를 중심으로 정규직 혹은 고임금자의 양보와 희생이 불가피하다. 경제가 성장하더라도 일자리가 늘지 않는 "고용 없는 성장"이 발생하는 가장 근본적인 이유는 고용 기득권자의 배타적 자기 보호와 노동 절약형 경영관리를 통해서 사람보다는 생산 효과에만 집중하는 기술적-도구적 인사관리가 지배하기 때문이다. 인건비가 증가하고, 생산성이 다소 떨어진다 하더라도 고용을 중시하는 기업이야말로 이 시대가 요구하는 기업 보국의 길을 간다. 국가는 고용 중심형 기업을 적극 지원하여 일자리 나누기를 고용 원칙으로 정착시키는 법제화를 실시해야 한다.

　일자리 나누기는 각종 기득권을 향유하는 가진 자, 안전한 자, 그리고 힘 있는 자가 못 가지고, 위험한 상황에 처해 있으며, 취약한 자를 도와주는 사회적 책임 혹은 상부상조의 정신에 입각한 아나키스트 경제 대안이다. 물론 여기에서는 무임승차의 문제와 보상 메커니즘의 필요성이 고려되어야 한다. 물질적 임금의 손실을 감수하는 가진 자에게는 노동시간의 상대적 감소라는 보상을 제공할 수도 있고, 일자리 나눔으로 일자리를 갖는 사람들은 임금과 노동시간에서 일정 기간 상대적 불이익을 감수하는 자발적 관용을 보일 수도 있다. 물론 이와 같이 선별적 노동시간을 적용하여도 전체적으로는 노동시간의 지속적 단축을 목표로 삼아야 한다.[4]

　이와 더불어 불법적인 일자리 상속 혹은 직업 상속(occupational inheritance)의 폐단을 불식해야 한다. 취업과 관련하여 각종 연고적 특혜가 광범위하게 발생한다. 가진 자가 자신의 자식이나 친지의 자식을 탈법적으로 취업시킨 사례들이 비일비재하다. 외무부의 특채 파문, 노동조합의 특별 고용 비리, 공공 기관의 특수 채용, 대학의 특별 전형/특례 입학 부정에서부터 최근에는 교육감에 의한 교육청의 탈법 인사에 이르기까지 인사 혹은 고용과 관련된 부정부패는 매우 심각하다. 고용 비리는 아무런 "빽"도 없이, 돈도 없이 나홀로 외롭게 취업 전선에서 고군분투하는 수많은 취업 준

---

[4] 노동시간의 단축은 단기적으로는 생산성 제고에 마이너스가 될지 몰라도, 장기적으로는 육아를 비롯한 가정생활 참여를 높여 가족 화합과 개인적 삶의 내실화를 도모하는 인적 자본 및 사회적 자본의 확충에 기여한다.

비자의 가슴을 찢어놓는 망국적 행위이다. 가진 자에 의해서 자행되는 이 빈익빈 부익부의 악순환을 제거할 수 있는 투명하고도 공정한 고용 관행을 제도화시켜야 한다.

일자리 나누기는 저개발 국가의 노동자들에게도 적용되어야 한다. "우리도 일자리가 없는 판에 남의 나라 사람들에게 까지"라고 반대하는 사람들이 있다. 그러나 어려운 때일수록 서로 아끼며 도와야 한다. 외국인들이 주로 취업하는 일자리는 한국 사람들이 꺼리는 소위 3D 직종이다. 현재 청년 실업의 대다수인 대졸자들은 중소기업이나 지방 근무 일자리를 회피하는 경향이 많으므로 인력 수급 상황을 전체적으로 볼 때 "좋은 일자리"가 부족한 것이지 일자리 자체가 그렇게 부족한 것은 아니다.[5] 한편으로는 대졸 청년 실업이 심각하지만, 다른 한편으론 중소기업이 구인난으로 아우성이다.

한국 경제가 위기에 처해 있다고 해도, 동남아시아나 아프리카의 최빈국과 비교하면 한국은 절대 빈곤이나 기아선상을 벗어난 그래도 풍요롭고 살 만한 나라이다. 국민국가주의라는 근대 세계관에서 벗어나 사해동포주의(Cosmopolitanism)를 추구해야 하는 탈근대사회에서 우리는 세계시민사회의 일원으로서 인종과 국적에 관계없이 모든 인간의 인권을 존중해야 한다. 외국인 노동자와도 일자리를 나누어야 한다. 특히 남북 분단의 한을 안고 사는 우

---

[5] 이제부터 반값 등록금으로 너도나도 대학에 가면 일자리와 학력 간의 부조화에 따른 과잉 교육형 실업이 양산될 수도 있다.

리는 동아시아 공동체를 형성하여 분단의 모순과 위험을 해소한다는 차원에서라도 탈북자, 조선족, 동남아시아 이주 노동자들에 대해 각별히 "포용의 일자리 나눔"을 지속해야 한다. 그 어려운 독립 투쟁 시절에도 국제주의적으로 동아시아 연대를 지향하였던 한국 아나키스트들은 "국경 없는 일자리 나누기"를 적극적으로 제안한다.

2) 권력형 부정부패 청산

권력형 부정부패는 사회를 먼저 경제적으로, 다음에는 도덕적으로 서서히 와해시키는 무서운 독버섯이다. 이런 독버섯은 한국처럼 정치권력의 소용돌이 속에서 중앙집권형 국가주의나 관료적 권위주의가 강력한 곳에서 더욱 잘 자란다. 매우 위험스럽게도 이미 한국 사회의 구석구석에 부정부패가 퍼져 있다. 어느 한 곳 제대로 성한 곳을 찾기 어렵다. 배움과 가르침의 터인 교육계는 물론이요 영혼을 구제해야 하는 신성한 종교계조차 얼룩이 번져 있다. 크고 작은 비리와 불법이 구조적으로 재생산되고 있거나 아니면 관행적으로 개인적 차원에서 자행된다. "정직이 최선의 길(Honesty is the best policy)"이라는 말과는 반대로 "정직은 고난의 첩경(Honesty makes trouble)"이 되기 십상이다.

부정부패는 경제적 이득을 노린다. 그러나 불법적인 부의 취득은 선량한 경쟁자들을 좌절시키고, 경제적 자원의 생산적 활용과 공정한 분배를 방해한다. 사회 전반에 걸쳐 경제 윤리와 직업윤리

그리고 근로 가치를 파괴하기 때문에 결국 한 나라의 경제 기반을 붕괴시킨다. 한국 사회에서 발생한 각종 군수산업 비리, 금융 비리와 재벌 비리 그리고 권력형 비리에 유용된 천문학적 자금이 일자리 만들기와 같은 경제 회생에 사용될 수 있었더라면 국민의 고통과 부담이 훨씬 경감되었을 것이다.

부정부패를 근절하자면 모든 형태의 권력을 대소를 가리지 말고 철저히 제한하고, 감시하고, 공유하는 아나키스트적 반권력주의를 제도화해야 한다.[6] 유명무실한 공직자 윤리와 재산 공개, 각종 방패막이 감사 활동, 시대착오적인 국회의원 등의 특권 유지, 호화판 공공 기관 및 고급 관용차, 나눠 먹기 줄타기 인사, 사법부를 중심으로 퍼져가는 전관예우, 정경유착의 특혜, 이권 개입과 선심성 사업 등은 여야를 초월하고, 좌우파를 막론하여 한국의 권력자들이 즐기는 부정부패의 대표 사례이다. 국가재정을 거덜 내고, 공정 경쟁을 공개적으로 조롱하는 반경제적 행위들이다.

재벌이라는 경제 권력은 이제 다국적 자본의 시대를 맞아 국경 없는 권력이 되어 과거처럼 쉽게 "손볼 수 있는 대상"이 아니다. 국가 발전에 대한 그들의 공은 참으로 크지만, 시대 변화에 부응하여 재벌은 어떤 형태로든 자신을 개혁해야 한다. 더 늦기 전에, 다시 말해 법이 강제로 집행하기 이전에 재벌 스스로가 개혁 시나리오를 만들어 추진한다면 얼마나 좋겠는가? 동반 성장부터라도

---

[6] 고위 공직자의 관용차를 기사가 없는 소형차로 의무화하고, 사무실의 크기를 삼분의 일 이상으로 줄이며, 수행원을 없앤다면 나라가 더 제대로 돌아가지 않을까?

제대로 지켜나간다면 시민은 비판보다는 격려를 할 것이다.[7]

한국 사회에 새롭게 등장한 소수의 일부 언론 방송 권력, 문화/예술/체육 권력, 지식 권력, 노동운동 권력, 시민운동 권력, 조직 폭력 세력 등은 성실한 노동에서 출발하는 나눔과 협력의 경제 윤리를 파괴하고 특권적이고 배타적인 방식으로 경제 자원을 독식하면서 어둠 속에서 자기들끼리 경제를 확대시킨다. 권력과 부정부패의 연결 고리를 단절시키면 경제 정의를 위한 사회적 연대가 굳건하게 구축될 것이다. 더욱 강화된 김영란법을 당장 통과시키자!

3) 탈물질주의의 생활화

어떤 생산 체제이건, 어떤 분배 제도이건 모든 사람을 물질적으로 만족시킬 수 없다. 자원은 유한하고 인간의 욕망은 무한하여 물질적 소유와 소비는 항상 부족하다. 쉽게 말해, 경제적 불평등은 불가피하다. 경제적 약자에게 최소한의 인간다운 생활을 보장할 수만 있다면, 현재의 불가피한 불평등은 미래의 불평등 감소를 위한 촉매제가 될 수도 있다.

노장(老莊) 아나키즘은 탈물질적 절제의 즐거움을 일깨워준다. "지족자부(知足者富)". 만족할 줄 알면 부유하다. 온갖 형태의 세속적 물질주의가 우리의 정신세계를 억압하고 지배하는 이 시대를

---

7 이와 관련하여 아나키스트로서는 다소 일탈적이지만 나는 노사 관계도 이제부터는 노사 투쟁/갈등보다는 노사 협력/타협이 주된 조류로 형성되어야 한다고 주장한다.

바로잡기 위해서 정신적 부를 축적하고 즐기는 탈물질주의적 가치 지향이 필요하다. 우리는 이미 물질의 과잉과 한계에 직면하였다. 지구의 생존을 위협하는 자원 위기, 생태 위기, 에너지 위기 혹은 핵전쟁은 인간의 물질적 탐욕, 즉 폭발적 소비 욕구에서 발생한다. 더 많이 소비하기 위해서 더 많은 자원을 사용해야 하고, 더 시원하고, 더 따뜻하고, 더 밝게, 더 빨리 살기 위해서 우리는 에너지를 더 많이 사용해야 한다. 만약 중국과 인도의 국가 개발이 완료되고 아프리카 국가들의 개발이 급진전한다면, 지금도 태부족인 지구의 사용 가능한 물질적 자원들은 완전히 바닥이 나고 말 것이다.

이처럼 우리가 미친 듯이 물질적 소비와 만족에 계속 탐닉할 필요가 있을까? 안빈낙도(安貧樂道)는[8] 비현실적인 삶의 방식인가? 왜 최빈국인 방글라데시나 부탄에 사는 사람들은 행복 지수가 세계에서 가장 높을까? 소득이 높아진다고 행복 지수가 무한정 상승하는 것이 아님을 한계효용의 법칙이 가르쳐주지 않는가? 일정한 수준(이만 달러?)을 넘어서면 1인당 국민소득이 높아지더라도 행복감이 더 상승하지 않는다는 "행복의 역설"을 외면하기만 할 것인가? 물질적으로 금욕적 생활을 하는 종교인들이 평화로운 즐거움을 누리는 것은 무슨 이유인가?

이제 우리는 기존의 경제 논리가 등한시하였던 비물질적 혹

---

[8] 물론 적나라한 상태의 적빈(赤貧)보다는 인간적 품위를 유지시키는 청빈(淸貧)을 추구해야 한다.

은 탈물질적 세계를 개척하여 즐거움과 만족감을 확대시킬 수 있는 마음의 경제 혹은 지혜의 경제를 발전시켜야 한다(Kim, 2012: 108~109). 월급이 적더라도 자유 시간이 많은 일자리, 탈물질적 가치를 추구하는 정신의 풍요로움이나 마음의 안락을 취하는 삶의 지혜를 습득한다면 우리는 경제생활에서의 결핍과 부족을 절약과 절제로써 채우고, 정신적 풍요로써 넘치게 할 수 있을 것이다. 부자는 조금씩 덜 벌고, 선진국은 조금씩 덜 성장하고 그 대신 가난한 사람들은 조금씩 더 벌고, 후진국은 조금씩 더 성장한다면 전 세계가 경제적으로 조금씩 다 함께 개선될 것이다.

이제는 한국 경제만 거론하여 한국의 경제문제를 해결할 수 있는 시대가 아니다. 세계는 점차 하나로 엮어지고 있다. 그래야만 한다. 비록 전 지구적 생태 위기와 핵전쟁의 위기 그리고 세계적 경제 위기에 직면하여 때늦게 우리가 각성하고 있지만, 더 늦기 전에 21세기의 새로운 지평을 탐구해야 한다. 어쩌면 당면한 한국 자본주의 경제 위기는 새로운 경제가치와 경제 논리를 발견할 수 있는 좋은 기회이다.

나는 아나키즘의 근본원리인 반권력주의 그리고 프루동과 크로포트킨의 지혜를 빌려 한국 경제(와 세계경제)의 안정을 위한 세 가지 제언을 하였다. 프루동의 지적처럼, 거대한 소유에는 분명히 도적질의 차원이 존재하는 만큼 도적질의 뿌리인 권력형 부정부패를 막으면서 공정한 사회를 만들어야 한다. 그래서 일자리도 나누어야 한다. 이와 같은 나눔은 부정적-소극적 관점에서 이루어지기보다는 크로포트킨의 지적처럼 상호부조라는 적극적인 사회적 책임과 개인적 자유라는 차원에서 실행되어야 한다. 그리고 이에 수반되는 물질적 손실과 부족을 즐겁게 수용하기 위해서는 탈물질주의적 가치 혹은 정신적 풍요나 마음의 안락을 추구하는 새로운 경제가치가 필요하다. 생활양식 혁명, 정신 혁명, 가치 혁명은 총칼 없이도 세계를 바꾼다.

마오쩌둥(毛澤東)을 비롯한 중국의 초기 아나키스트들이 금욕주의자였다는 점을 상기시키고 싶다. 최고의 자유는 최대의 절제와 붙어 있다. 그래서 (오랜 고행 끝에) 깨달으면 자유롭다고 하던가. 서양의 물질주의가 극에 달하니 이제 동양의 탈물질주의를 되돌아볼 때인가 싶다. 자본주의의 창시자라 할 아담 스미스도 자본주의의 모순, 즉 불평등과 소외를 극복하기 위해서는 타인을 배려하는 자기 절제가 반드시 필요하다고 『도덕감정론』을 통해 경고하였다. 단순한 절제가 아니라 아나키스트의 상호부조라는 더욱 적극적 해법이 요청된다. 자본주의가 공멸의 경제로 가지 않으려면, 탈물질주의적 가치와 협동을 통해 공생의 경제를 구축해야 한다.

일찍이 김구 선생께서는 독립된 대한민국이 문화 대국이 되기를 소망한다고 말씀하셨다. 물질적으로 풍요로운 나라보다는 정신의 아름다움이 가득한 나라를 만들고 싶어 한 것이 아니겠는가?

그러나 이 새로운 경제는 국가권력과 시장 권력의 재강화를 통해 이룩하지는 못한다. 근대의 자랑스러운 쌍생아이자 귀염둥이였던 국가와 시장은 그 화려한 성취를 뒤로하면서 실패라는 진단을 받고 있다. 이제 시민과 노동 혹은 (초계급적-탈좌파적 의미의) 민중이 경제활동과 정치 경제적 결정의 전면에 나서고, 국가와 자본, 권력과 시장은 주위에서 무대장치를 만들고 각종 서비스를 제공하는 보조자의 역할에 머물러야 한다. 더 이상 국가의 중립적, 조정적, 선도적 역할이라는 신화에 현혹되지 말아야 한다. 자유의 영역으로서 시장에 대한 환상도 버려야 한다. 시민과 노동은 새로운 국가, 새로운 시장을 위한 새로운 사회를 꿈꾸어야 한다. 그 꿈은 세계의 도처에서, 한국에서도, 우리 곁 어디인가에서도, 작지만 분명하게 현실이 되고 있다.

아나키스트 경제 대안(예컨대 협동조합, 동반 성장, 일자리 나누기, 권력형 부정부패 척결 등)은 이미 한국에서 시도되고 있다. 다만 아나키스트적으로, 다시 말해 근원적으로 확실하게 추진되지 않기 때문에 지지부진할 뿐이다. 아나키스트의 직접행동으로 이 척박하나 정든 현실을 한 걸음씩 바꾸어나가자. 그러나 단호한 결단이 필요하다. 국민의 혈세를 다루는 예산안 처리에서 사상 초유의 해를 넘기는 늑장 기록을 세우고, 세비 삭감과 더불어 의원연금이라는 특권을 폐지하겠다는 약속은 깔아뭉개버린 대신 지역별 민원성 예산을 끼리끼리 나눠 먹고 해외로 놀러 간 대한민국 국회의 예결위원들을 누가 뽑았는지 우리 스스로 깊이 반성해야 할 것이다. 유권자가 눈을 부릅뜨고 불철주야 감독하고 견제하며 응징하지 않으면 국가권력은 정치적으로는 남용되고, 경제적으로는 오용되며, 사회 문화적으로는 부패를 조장할 뿐이다. 시민을 위한 민생 경제의 재건에는 시민이 앞장서야 한다.

참고 문헌

김성국, 2012, 「잡종화로서 아나키—방법론적 아나키즘과 실용적 아나키즘을 위하여」, 『사회와 이론』 21-2: 423~425.

Kim, Seung Kuk, 2012, "East Asian Community as Hybridization: A Quest for East Asianism", in pp. 98~116, *Globalization and Development in East Asia*, edited by J. N. Pierterse and J. Kim, London: Routledge.

Kropotkin, Peter, 1902, *Mutual Aid: A Factor in Revolution*, New York: Penguin.

Proudhon, Pierre-Joseph, 1890[1840], *What is Property?*, translated by Benjamin R. Tucker, New York: Humbold.

Ward, Colin, 1973, *Anarchy in Action*, London: Freedom Press.

아나키스트 정치 구상

강동권

1. 열린 사상, 아나키즘

 인류 역사 이래 수많은 이론과 사상이 출현했다. 그러나 그중에서 오늘날까지 살아남아 이 세상에 빛을 던지는 이론이나 사상은 그리 많지 않다.
 옛날에 나온 이론이나 사상이 오늘날에도 살아 있다는 것은 그 내용이 지금도 우리에게 여전히 가치가 있으며 의미 있다는 반증일 것이다. 더욱이 수많은 세대를 거치면서도 여전히 인정받는다는 것은 그 사상이 각 시대마다 새롭게 해석되고 있다는 것이며, 새롭게 해석된다는 것은 그 사상이 닫혀 있는 것이 아니라 열려 있다는 것이다. 열린 사상, 그것은 세상의 풍파로 인해 잠시 사람들이 잊을 수도 있으나 오래지 않아 다시 제 가치를 인정받고 새롭게 해석되어 100년, 200년 뒤에도 사람들에게 희망과 기쁨, 통찰을 주는 사상이다. 이러한 열린 사상 중의 하나가 바로 아나키즘이다. 아나키즘은 19세기에 출현하여 수많은 사람의 등불이 되기도 하고, 또한 수많은 실패와 좌절을 겪기도 했지만 오늘날 다시 부활하여 우리에게 빛을 던져주고 있다.

아나키즘은 19세기와 20세기 초반까지 전 세계의 중심 사조 중의 하나였다. 그러나 아나키즘은 두 번의 세계대전과 동서 냉전 시대를 맞이하여 서서히 잊혀져갔다. 많은 사람이 이미 수명을 다한 끝난 사상으로 치부했다. 그런데 오랜 시간 잊혔던 아나키즘이 마치 불사조처럼 68혁명을 통해 그리고 포스트모던 시대를 맞이하여 세상에 다시 회자되기 시작했다. 그리고 이제 아나키즘은 시민사회의 등장 및 정보사회의 도래와 더불어 새로운 시대의 이론적 기반이자 실천적 이념으로 완전히 새롭게 조명받고 있다.[1] 고전 아나키즘이 반지배(반권력, 반권위, 반위계), 자유와 평등, 상호부조, 직접행동 등의 기치를 내걸었다면, 오늘날의 아나키즘은 거기에다가 반자본주의, 생태, 평화, 자치의 가치를 새롭게 더하고 있다. 19세기 아나키즘이 국가권력과 정부의 폭력 및 압제에 대한 저항을 주로 했다면, 21세기 아나키즘은 거기에 더하여 국가 이상의 권력을 가진 초국적 기업, 지배적인 대기업의 폭력과 압제를 없애고, 인간 사회의 곳곳에 편재하는 위계적 질서, 지배와 종속, 갑과 을의 관계를 청산하는 것이 또한 주요 과제 중 하나이다.

---

[1] 지난 세기 말 현실 사회주의의 몰락으로 한동안 많은 비판을 받았던 맑스주의가 최근에 자본주의의 위기와 더불어 새롭게 부활하고 있는 것도 매우 중요한 시사점을 준다.

물론 그 바탕에는 모든 폭력과 강압으로부터 인간을 해방시키고자 하는 '인간해방'의 이념이 깔려 있다. 아나키즘이 이렇게 재생하여 새롭게 해석되는 것은 아나키즘이 바로 열린 사상이기 때문이다.

나는 자본주의가 그 모순의 정점을 향해 치닫는 이때 열린 사상, 아나키즘이 그 대안이 되어야 한다고 생각한다. 그래서 나는 이 글에서 우리가 '아나키스트 정치'를 통해 '모든 폭력과 강압으로부터 해방된 자율적인 인간이 자치적으로 운영하는 공동체'인 '아나키스트 사회'를 만들어내야 할 때가 되었다고 주장한다. 먼저 2절에서 인민이 직접 정치를 하는 '민주주의 정치(=아나키스트 정치)'의 당위성을 알아보고, 3절에서 정보사회가 아나키스트 사회의 기반이 됨을 설명한다. 이어 4절에서 소수 엘리트 정치에서 다수의 정치로, 대의제에서 민주주의로 정치를 재구성해야 한다는 것을 밝히고, 5절에서 한국에서 실현해야 할 아나키스트 정치의 구상을 구체적으로 조명하며, 6절에서 결론적으로 직접행동의 중요성을 언급하며 글을 마무리할 것이다.

2. 아나키즘, 민주주의 정치

고전 아나키즘은 19세기에 근대 정치사상의 하나로 출발했다. 물론 프루동이 아나키즘이란 용어를 사용하고 이론을 정립하기 전에도 아나키즘적인 사유와 실천—동양의 노장적 사유를 그 사례로 드는 경우가 많다—은 있었다. 그것은 아나키즘 사상이 인간이라면 누구나 가지고 있는 근원적 욕망, 사유 및 행동과 밀접하게 관련되어 있기 때문이다. 이렇게 아나키즘의 정신은 오랜 전통을 가지고 있지만 고전 아나키즘은 고전적 자유주의에 반대하여 맑스주의와 함께 사회주의사상의 하나로 출발했다.[2] 당시는 산업혁명이 시작된 산업화 시대였다. 산업사회의 온갖 모순과 폭압적 지배가 사회를 압도하던 시대였다. 아나키즘은 이러한 압제와 폭력, 반자유와 불평등의 19세기 서구 정치 상황에 대항하면서 출발한 것이다.

크로포트킨이 아나키즘 사회는 성장하는 욕구에 따라서 끊임없이 진보하고 항상 재조정되는 사회라고 말했듯이, 그후 아나키즘은 다양하게 분화, 진보한다. 프루동, 슈티르너, 바쿠닌, 크로포트킨 등 수많은 고전 아나키스트의 저술과 이론이 있지만, 아나키즘에는 영원불변한 하나의 경전이 없다. 아나키즘은—고전 아나

---

[2] 정치학자 바라다트(L. P. Baradat)는 이데올로기 스펙트럼을 좌측에서부터 우측으로 급진주의자, 진보주의자, 온건주의자, 보수주의자, 반동주의자로 규정하면서 아나키즘을 "정치적 스펙트럼상의 우파일 수도 있고 좌파일 수도 있다."고 말한다(바라다트, 2005: 40, 228). 사회적 아나키즘을 좌파로, 개인주의적 아나키즘을 우파로 규정하는 것이다. 바라다트는 슈티르너, 소로, 워렌 등을 개인주의적 아나키스트로 분류하는데, 나는 개인주의적 아나키즘을 바라다트처럼 우파로 분류하는 것은 문제가 있다고 본다. 오히려 아나키즘 내에서 좌파와 우파를 구분하는 것이 더 정확할 것이다. 다른 한편 바라다트의 분류는 역설적으로 아나키즘이 얼마나 스펙트럼이 넓고 열린 사상인지를 웅변한다고 볼 수도 있다. 내가 이 글에서 말하는 아나키즘은 특별한 언급이 없는 한 기본적으로 사회적 아나키즘을 말한다.

키스트들뿐만 아니라 현대 아나키스트들에 이르기까지—다양한 아나키스트의 사상이 서로 영향을 주고받고 잡종화[3]하면서 끊임없이 진보해가기 때문이다. 이것은 아나키즘의 본성으로 보면 당연하고 자연스러운 일이다. 아나키즘을 시대에 맞게 다양하게 해석하고 실천할 수 근거가 바로 여기에 있다고 할 것이다.

따라서 크럼(John Crump)을 비롯한 일부 논자가 19세기의 아나키즘 교의에 매달려, 특히 순정 아나키즘의 입장에 서서 한국 아나키즘의 정치 참여를 아나키즘의 일탈이라고 비판하는 것은 아나키즘에 대한 이해가 부족한 것이며, 아나키즘의 열린 정신을 제대로 해석해내지 못한 편협한 태도라고 볼 수 있다.[4]

우리가 현재 살고 있는 21세기는 아나키즘이 태동하던 19세기와 다른 사회다. 예를 들면 고전 아나키즘이 깃발을 들던 시대에는 보통, 평등, 직접, 비밀, 자유 선거가 실시되지 않았다. 당시의 정부는 '인민'[5]이 선출하지 않은 압제와 폭력의 정부였고, 국가가 폭력 그 자체였다. 그래서 당시의 아나키스트들은 그런 정부를 반대하고 무너뜨리고자 했던 것이다. 그러나 오늘날은 완전하지는

---

3 잡종화(잡종성)는 최근에 많이 논의되고 있는데, 아나키즘의 잡종화(잡종성)에 대해서는 김성국(2011; 2012)과 이 책에 실린 김성국의 글을 참조하기 바란다.
4 크럼을 비롯한 일부 논자의 한국 아나키즘 비판에 대해서는 김성국의 『한국의 아나키스트: 자유와 해방의 전사』(김성국, 2007)가 아주 상세하게 소개하며 비판하고 있으니 이를 참조하기 바란다.
5 나는 아나키즘의 이념에서 보면 '국민'이라는 표현보다는 '인민'이라는 표현이 더 적합하다고 본다(색깔론으로 비난하지 않기를 바란다). 이하에서 나는 '인민'과 '국민'이라는 표현을 문맥에 따라 혼용하여 쓸 것이다('국민'이라는 표현이 우리 현실에서 익숙하기 때문이다). 그러나 그때도 '국민'은 '인민'의 의미다.

않아도—물론 바람직스럽지 않기도 하지만—어쨌든 국민이 국민을 대표하는 입법부의 대표들을 뽑고, 행정부 수반을 선출한다. 물론 이러한 절차를 통해 선출된 대의제 국회와 정부는 본래 의미의 민주주의[6]에서 어긋날 뿐만 아니라 선거만 끝나면 바로 주권자인 인민을 지배하고 그 위에서 군림하기 때문에 여전히 많은 문제를 안고 있지만 형식적 절차는 일종의 (인민의 눈을 속이는) 민주적 절차를 거치기 때문에 우리는 19세기적 대응을 할 수 없는 것이다.

이러한 현실 공간에서 아나키즘이 운동으로서 또한 정치 세력으로서 살아남아 아나키즘의 이념을 실천하고자 한다면 그 속—현실 정치—으로 들어가서 정치제도를 주권자의 직접 정치—이것이 민주주의이다—로 바꾸어내는 수밖에 없다. 아나키즘은 기본적으로 폭력적이고 압제적인 정치를 바꾸고자 하는 정치사상이자 정치운동이다. 그러므로 그 정치를 바꾸기 위해서는 정치 속으로 들어가서 정치투쟁을 해야 한다. 관전자로서 정치를 분석, 평가, 종합하는 것은 아나키스트가 할 일이 아니다. 인민 위에서 군림하며 인민을 지배, 억압하는 정치를 인민 자신이 주인이 되는 '인민의 직접 정치', 바로 '민주주의 정치'로 바꾸어내는 것이 아나키스트가 할 일이다. 정보사회가 아나키스트에게 '민주주의 정치', 곧 '아나키스트 정치'를 실현하기 위한 강력한 실천 기반을 제공하기 시작했다.

[6] 여기서 내가 말하는 '민주주의'에 대해서는 4절에서 자세히 설명한다.

3. 정보사회가 만들어내는 아나키즘 사회

아나키즘의 지상 목표는 외부의 모든 강제와 억압으로부터 인간을 해방하는 것이다. 불가능해 보이는 이 목표가 21세기 정보사회에서 희망을 보이기 시작했다.

허버트 실러(Herbert Schiller)는 『정보 불평등』(실러, 2002)에서 자본주의 시장의 발전으로 기업들이 상업적인 이익을 위해 정보를 생산, 유통함으로써 정보의 혜택을 많이 받는 사람들과 그렇지 못한 사람들의 불평등이 커진다고 주장했다(특히 그는 공공적 성격을 갖는 문화, 학교, 도서관, 미디어 등의 사유화가 미치는 부정적인 영향을 강조했다). 다시 말해 정보사회가 발전할수록 정보 불평등이 점점 심화되면서 정보를 자유롭게 소유하며 사용하는 사람들과 그렇지 못한 사람들의 격차가 더욱 심화될 것이라고 한 것이다. 이러한 것을 정보격차(Digital Divide)라고 하는데, 나는 물론 그것을 완전히 부정하지는 않는다. 하지만 나는 정보사회를 우려하는 사람들의 생각과는 달리 정보사회의 미래를 긍정적으로 본다.

정보사회 이전에도 정보의 격차는 존재했다. 인류 역사를 '정보'의 시각에서 보면 '정보'의 소유 정도에 따라서 힘과 권력과 돈의 소유 정도가 결정되었다고 할 수도 있다. 계급의 차이에 따라 정보의 차이가 있었다. 대중이 정보에 접근할 수 없었던 시대는 지금보다 정보의 차이가 훨씬 심한 사회였다. 그러던 것이 인쇄술의 발전으로 책이 보급되기 시작하면서, 즉 대중이 조금씩 정보에 접근할 수 있게 되면서 정보의 차이가 줄어들기 시작했다. 물론 그 사이에 다양한 공론장이 만들어지고, 새로운 매체들이 생겨나면서 정보의 차이도 더욱 줄어들기 시작했다.

그런데 이제 정보사회가 본격화되면서 다시 '정보격차'의 문제가 제기되고 있는 것이다. 그러나 나는 아날로그 사회가 점점 정보의 차이를 줄여온 것처럼 디지털 사회도 점점 정보의 차이를 줄여 정보격차가 거의 없는 시대를 실현할 것이라고 확신한다. 그것은 우리가 맞이하고 만들어가고 있는 이 정보사회는 정보 그 자체가 자생적으로 자라서 평등하게 퍼져나가는 사회, 누구나 정보를 소유—공유—할 수 있고 버릴 수 있는 사회, 어떤 한 개인이나 기업이나 권력이 정보를 통제할 수 없는 사회이기 때문이다. 네트워크는 그 속성상 독점이 불가능하므로 무엇이 네트워크에 탑재된다는 것은—그것이 온라인이든 오프라인이든—균점하고 공유한다는 것이다(네트워크에 탑재되지 않은 정보는 쓰레기다). 정보가 무한히 퍼져나가고 무한히 나누어지면, 정보가 무한히 공유되고 격차가 무한히 엷어져, 격차 자체가 없어지는 것이다. 따라서 정보사회는 아무리 거대하고 강력한 압제적 국가—중국을 예로 들 수 있다—라도 통제할 수 없는, 우리 인류가 한 번도 겪어보지 않은 완전히 새로운 사회로 탄생하고 있다. 조지 오웰이 『1984년』에서 한 통찰은 매우 훌륭했지만, 오웰의 빅브라더라도 미래 정보사회에서는 힘을 쓸 수 없을 것이다.

미래 정보사회는 '정보 평등'한 사회가 될 것이다. 앞에서도 말했지만 정보사회의 정보는 선험적으로 자생적이고, 무한 확장되고, 공유되고, 통제 불가능하다. 그래서 인류 역사에서 보면 정보

격차가 없어진다는 것, 곧 정보 독점이 사라진다는 것은 힘과 권력과 돈을 모든 사람이 공유한다는 것을 뜻한다. 소수 엘리트 지배층이 행사해왔던 모든 것을 다수가 함께 행사한다는 것을 뜻한다. 소수의 권위적 지배 시대를 종식시키고 다수가 자율적으로 스스로를 지배하는 시대가 도래한다는 것을 뜻한다. 바로 대의제 정치를 민주주의 정치로 바꾼다는 것을 뜻한다.

다시 말해 세상의 인간이 기존의 모든 권위와 권력, 지배로부터 인간 스스로를 해방시켜 스스로의 주인이 되는 '인간해방주의'가 우리 삶의 일상이 된다는 것을 말한다. 이 시대에는 누구도, 어떤 제도도 주권자인 인민을 지배할 수 없다. 정보사회의 도래와 더불어 인민이 다함께 스스로 직접 통치하는 민주주의 사회, 아나키스트 사회가 도래하는 것이다.

그동안 개인이나 일부 단체가 대안학교, 미술·음악·연극·영화·문학 등의 작품, 지역 자치 활동 등을 통해 억압적인 지배 권력에 대항하면서 오랫동안 저항을 해왔지만 아나키즘이 국가나 정부의 문제―인민 위에 군림하는 억압적인 국가권력―에 전체적으로, 시스템적으로 대항하지 못한 것은 현실적인 저항 수단이 여의치 않았기 때문이라고 볼 수 있다. 그런데 이제 정보사회가 본격화되면서 아나키즘은 아나키스트 사회를 실현할 수 있는 현실적 기반을 확보했다고 볼 수 있다.

4. 정치의 재구성

새로운 시대를 맞이하여 정치의 개념이 바뀌고 있다. 엘리트 정치에서 시민 정치로, 관전 정치에서 참여 정치로, 권력 정치에서 주권 정치로, 대의 정치에서 민주주의 정치로 정치가 급격하게 변화하고 있다. 그런데도 여전히 20세기 정치를 하고 있다는 것은 어리석은 일이다. 오래된 전통이다 보니 바꾸기 쉽지 않을 것이다. 그러나 시대가 바뀌었고 인민이 바뀌었다. 이제 정치를 재구성할 차례다.

1) 소수 엘리트 정치에서 다수 중우정치(衆優政治)로

아리스토텔레스는 『정치학』에서 현실 세계의 실제 운용을 보면서 시민들을 '소수'와 '다수'로 구분하는데, 전자는 정책 입안 능력을 겸비한 소수의 엘리트 집단(귀족 대표)을, 후자는 정책 입안 능력은 없지만 정책을 결정할 수 있는 다수 집단을 말하는 것이었다. 이러한 구분은 일정 시기, 일부 지역의 공화정을 제외하면 오늘까지도 큰 차이 없이 이어졌다고 볼 수 있다.

고대 그리스에서 시작된 중우정치(衆愚政治)는 대중은 어리석다는 것을 전제하고 있다. 당시에는 소수의 가진 자, 배운 자, 지배층과 다수의 가지지 못한 자, 배우지 못한 자, 피지배층의 차이가 컸다. 고대에는 권력과 부의 소유 여부에 따라 정보의 차이가 매우 컸으므로 소수와 다수의 실력 차이가 컸다. 소수는 엘리트였고,

다수는 어리석었다. 그래서 그후 정치는 곧 엘리트 정치였고 이것이 2500년 동안 세계를 지배했다. 그러나 지금은 21세기다. 정보사회다.

정보사회에서는 모든 사람이 정보와 지식을 공유하고 있어 소위 엘리트와 소위 대중의 실력 차이가 없다(앞의 3절 참조). 오히려 현실 정치에서 중요한 인민의 평균적인 의견 혹은 그보다 조금 앞선 견해는 대중이 더 잘 알고 있다. 21세기의 대중은 어리석지 않다. 특히 21세기 초반의 한국 사회에서는 엘리트와 대중이 따로 있지 않다. 엘리트 정치인이 더 이상 지도자가, 엘리트가 아니고 대중이 더 이상 중우가, 어리석은 시민이 아니다. 오히려 시민이 정치인보다 더 똑똑하고 현명하고 지도력이 있는 것이 현실이다. 그래서 나는 21세기 한국 정치는 모든 시민(인민)이 정치에 직접 참여하는 "중우정치(衆優政治)"—중우(衆愚)가 아니라 중우(衆優)다—가 답이라고 생각한다. 이것이 바로 아나키스트 정치다.

2) 대의제에서 민주주의로

우리가 오랫동안 나름대로 민주주의적인 체제하에서 살아왔음에도 불구하고 우리는 민주주의가 무엇인지, 그리고 대의제는 왜 민주주의가 아닌지에 대해서 잘 모르고 있다. 민주주의와 대의제의 본래 의미에 대한 재인식이 필요한 시점이 되었다.

민주주의는 한마디로 말하면 주권자인 인민이 직접 정치에 참여하여 직접 의사 결정을 하는 정치체제다. 인민이 주권자로서 스스로 직접 통치하는 정치제도인 것이다.[7] 그 외의 것들은 아무리 민주주의라는 꼬리를 달고 있어도 민주주의가 아니다. 모두 변종 민주주의이거나 가짜 민주주의[8]이지 민주주의가 아닌 것이다. 대의제가 바로 민주주의에 대한 인식을 왜곡시킨 대표적인 변종 민주주의이다. 오늘날 많은 사람이 선거를 통해 선출된 대표가 '대의'를 하는 대의제를 민주주의의 전부인 것처럼 생각하고 있는데, 그것은 오해이며 사실이 아니다. 오늘날처럼 주권자인 인민이 대표자를 선출할 권리만 가지고 있고, 인민에 의한 직접 통치를 배제한 대의제도는 민주주의가 아니며, 대의제의 한계를 보완하기 위한 심의민주주의, 참여민주주의 등도 대의제의 변종일 뿐 민주주의가 아니다.

대의제는 원래 민주주의와 대립되는 개념이었다. 시민혁명을 거치면서 부르주아계급과 인민의 타협으로 생긴 것이 대의민주주의이다. 프랑스혁명 당시 로베스피에르가 이끈 산악당은 인민의 직접 통치를 강조하면서 혁명 지도부의 의지가 전체 인민의 의지

---

[7] 인민주권과 민주주의의 원형을 가장 강렬하게 주장했던 장자크 루소는 『사회계약론』에서 '민주주의'는 우리의 상상 속에서만 존재하는 환상적인 정치체제가 아니라 역사적으로 실존했던 정치체제라는 것을 강조한다(루소, 2010 참조). 우리는 이러한 본래 의미의 '민주주의'를 다른 말로 절대적 민주주의, 순수민주주의, 직접민주주의라고 부르기도 한다. 이하의 대의제 논의는 『헌법 사용 설명서』(조유진, 2012)를 참조하였다. 대의제를 옹호하는 논의는 『왜 대의민주주의인가』(서병훈 외, 2011)를 참조하기 바란다.
[8] 대의민주주의, 정당 민주주의, 간접민주주의, 인민민주주의, 자유민주주의, 교도민주주의, 규범 민주주의, 행정 민주주의, 민족적 민주주의, 한국적 민주주의 등이 대표적으로 변종 민주주의이거나 가짜 민주주의이다.

라고 주장했는데, 이것이 전대미문의 공포정치를 가져왔다. 공포정치의 경험은 (인민이 직접 통치하는) 민주주의를 피를 부르는 것, 무고한 희생을 초래하는 것, 불가능한 것, 무질서한 것으로 사람들에게 인식시켰으며, 민주주의를 회의하게 했다. 그래서 당시 부르주아들은 대의제로 인민이 강력하게 요구하는 민주주의를 통제할 필요가 있다고 생각했다. 결국 민주주의는 대의제로 대체되었고, 대의제 없이는 민주주의도 존립할 수 없는 상황이 되고 말았다.

따라서 대의제는 민주주의와 인민에 대한 불신에서 시작된 제도임을 알 수 있다. 인민의 민주주의 요구를 불식시키기 위해 고안한 임시방편이 대의제인데, 200년이 넘도록 마치 대의제가 민주주의의 전부인 것처럼 행세하고 민주주의를 호도하는 것이 오늘의 현실이다. 대의제의 바탕에는 인민에 의한 직접 정치를 원하지 않는 정치인과 대의제에서 이익을 얻는 기득권 세력이 있다.[9]

---

[9] 대의제 옹호론의 논거는 '국가의 영토가 넓고 인구가 많아져 인민의 총의를 모으는 것이 어렵다.' '국가 운영에는 높은 전문성과 효율성이 요구되며, 국정을 책임지는 사람이 필요하다.' 등을 들 수 있다. 전자는 정보사회의 도래와 함께 문제없이 해결된다. 후자는 먼저 선출직 공무원(대통령, 국회의원 등)은 전문성으로 판단하는 것이 아니라 정무적으로 판단한다는 점에서 모순적이고(전문적인 것은 관료나 전문가에게 맡기면 된다), 나아가 엘리트주의적 발상이기 때문에 바람직하지 않다. 또한 효율성으로만 따지만 똑똑한 군주나 독재자가 참모의 의견을 들어 내리는 결정이 가장 효율적이다. 그런데 더 중요한 것은 정보사회에서는 다수 인민이 더 전문적이고, 그들이 함께 내리는 결정(집단 지성)이 더 효율적이며, 나아가 그렇게 정해진 결정은 다수가 함께 책임을 지기 때문에 정당성도 있다는 것이다.

대의제는 선출직 공무원들이 입법과 행정에 대한 모든 권한을 행사하는 제도, 즉 인민을 대신하여 주요 의사 결정을 자기들 마음대로 내리는 정치제도다. 그 과정에서 인민은 배제된다. 인민이 없고 배제되는 정치는 민주주의가 아니다. 민주주의는 인민을 위한 정치일 뿐만 아니라 인민의 자기 지배, 즉 인민에 의한, 인민의 정치다. 루소는 주권은 양도될 수 없고 대표될 수도 없다고 말한다. 그는 대의제가 인민주권을 침해한다고 보고 강력하게 반대한다. "인민의 대의원은 그러므로 인민의 대표자도 아니며, 대표자가 될 수도 없다. 그들은 심부름꾼에 불과하다. 그들은 아무것도 확정적으로 결정할 수 없다. 인민이 직접 승인하지 않은 법은 어떤 법이든 무효다. 그러므로 그것은 법이 아니다."(루소, 2010: 135)

민주주의를 한다는 것은, 즉 주권자가 직접 정치를 한다는 것은 바로 주권자가 직접 법을 만드는 것이다. 주권자가 가진 힘은 법을 만드는 입법권이다. 주권자는 현실적으로 행정권과 사법권을 직접 행사하기가 쉽지 않으므로, 입법을 통해 행정권과 사법권—이것들도 법의 한계 내에 있으므로—도 제어하는 것이다. 주권자는 법을 만들고 자신이 만든 법을 따르기만 하면 된다.[10]

아나키즘은 대의제를 인정하지 않는다. 모든 의사 결정에 인민이 직접 참여하는 것이 아나키즘이다. 지역 공동체('1차 공동체'라고 하자)의 대표(대리인)가 광역 공동체(더 큰 공동체, '2차 공동

---

[10] 따라서 각자는 자기 자신에게만 복종하면 된다. 이런 사회가 개인이 자기 자신을 제외한 일체의 타자의 지배로부터 해방된 사회다. 바로 아나키즘 사회다.

체'라고 하자)의 모임에 참석할 때도 그는 1차 공동체를 대표하여 '대의'를 하는 것이 아니라 대리인으로서 1차 공동체 전체 인민의 의사를 전달하는 것으로 머문다. 그러므로 2차 공동체에서 1차 공동체의 의견을 들어 무엇을 결정하고자 한다면 1, 2차 공동체 간에 이러한 절차를 수없이 반복하여 합의에 이르는 것이 아나키즘이다. 얼핏 보기에 시간이 많이 걸리고 비효율적으로 보이지만 이것만이 모든 인민이 전체의 의사 결정에 직접 참여하는 유일한 길이다. 그런데 정보사회가 본격화하여 공동체의 의사 결정을 오프라인 광장뿐만 아니라 온라인 광장에서도 하게 됨으로써 시간의 문제와 효율성의 문제마저 해결하게 되었다. 그러므로 모든 인민이 의사 결정에 직접 참여하는 아나키즘 사회는 현실이 되고 있다.

  대의제를 없애고 민주주의를 하는 것, 그것이 정치의 재구성이다. 최근에 대의제와 정당 제도는 더 이상 희망이 없다는 목소리가 높아지고 있다. 바로 민주주의를 요구하는 목소리가 거세지고 있는 것이다.

5. 아나키스트 정치

인민이 직접 정치에 참여[11]하기 위해서는 먼저 헌법을 국가와

---

[11] 현행 헌법의 테두리 안에서는 '인민(시민)이 직접 정치에 참여'하는 것이 불가능하다.

정부의 지배를 줄이고 인민주권(국민주권)을 가장 많이 확보하는 방향으로, 즉 인민이 직접 입법권을 행사할 수 있도록 혁신적으로 개정하고, 이어서 이를 토대로 궁극적으로는 헌법을 재구성[12]해야 한다.

나는 모든 것을 일거에 바꾸는 '혁명'은 21세기 정보사회에서는 불가능하며, 바람직하지 않다고 본다. 따라서 나는 세 단계에 걸쳐 민주주의를 실현하는 것이 좋다고 본다. 먼저 1단계에서—2013년의 한국은 1987년 체제하에 있는데, 1단계를 2017년 체제라고 부를 수 있을 것이다—는 제헌헌법의 정신으로 돌아가되 국가와 정부의 지배를 줄이고 인민주권, 사회정의, 지방자치, 복지국가를 최대한 확보하는 쪽으로 헌법을 바꾸고,[13] 2단계—2027년 체제라고 부르고자 한다—에서는 인민이 직접 정치에 참여하여 의사 결정을 할 수 있도록 헌법을 혁신하고, 마지막 3단계—2037년 이후 체제라고 부르고자 한다—에서는 지배자 없는 정치, 집단 정치를 실현할 수 있도록 헌법을 재구성하는 것이다. 인민이 인민주권을 직접 행사할 수 있도록 헌법을 개정하는 것은 인민이 역량을 모으는 데 따라 그 시기가 빨라질 수도 있겠지만 헌법의 재구성은 긴 시간을 두고 해야 한다고 본다.

12 '재구성'한다는 것은 '제헌'한다는 의미다. 그것은 '국가' 사회에서 '공동체' 사회로 이행한다는 것이다. 이 사회가 곧 아나키즘 사회다.
13 나는 이 글에서 1단계는 언급하지 않겠다. 현재 헌법 개정 논의가 이루어지고 있을뿐더러 내가 여기서 제시한 원칙 정도만 반영되어도 성공적일 것이기 때문이다. (또한 지면의 제약상 자세한 논의가 어렵다.)

1) 인민의 직접 정치: 입법권, 법률안 제출권, 선거권, 선출권, 인민소환권, 탄핵권, 정책 결정권

앞의 4절에서 강조했듯이 아나키스트 정치를 실현하기 위해서는, 즉 인민이 직접 정치에 참여하여 의사 결정을 하기 위해서는 대의제를 전면 폐지하고 '민주주의'[14]를 실시해야 한다. 따라서 2027년 체제에서는 대의제가 전면 폐지됨으로써 인민만이 입법권을 가지게 된다. 이와 더불어 법률안을 제출할 수 법률안 제출권, 선출직 공무원을 선출하는 선거권, 대법관·헌법재판관·중앙선관위원·감사위원·검찰위원 등을 선출하는 선출권, 선출직 공무원을 소환하는 인민소환권, 법률이 정한 공무원에 대한 탄핵권 및 주요 정책 결정권도 인민만이 가져야 한다. 그 외에도 기본권, 경제 조항, 지방자치를 대폭 보완해야 한다.

입법권: 현행 헌법은 "입법권은 국회에 위임한다."(40조)고 되어 있는데 이를 "입법권은 인민이 직접 행사한다."로 바꾸어야 한다. 현재 국회는 대의제 원칙에 따라 국민을 대표하고 있다. 2027년 체제에서는 대의제가 폐지되기 때문에 국회의원의 '대표' 기능이 없어진다. 즉 국회는 '심의' 기능만 갖게 된다.[15] 현재 국회의원의

---

[14] '민주주의'는 4절에서 말한 '주권자인 인민이 직접 정치에 참여하여 직접 의사 결정을 하는 정치체제', 즉 '인민이 주권자로서 스스로 직접 통치하는 정치제도'를 말한다. 이하 같은 의미다.

[15] 현재 우리 국회는 국민을 대표하고 있는데, 그 기능을 대별하여 보면 헌법과 법률이 정한 '대표' 기능과, 이러한 대표 기능을 수행하기 위한 '심의' 기능으로 구분할 수 있다. 2027년 체제에서는 '대표' 기능을 인민에게 돌려줌으로써 국

권한이 100이라면 10 정도의 권한만 갖게 되는 것이다. 따라서 국회의 명칭도 '인민심의회' 정도로 바꾸고, 국회의원도 '인민심의의원' 정도로 바꾸는 것이 좋을 것이다.

법률안은 유권자(최근 선거의 투표권자) 1% 이상의 연대 서명으로 인민이 발의, 제출하고, 이를 국회가 심의하여, 각 법률안의 제정 혹은 개정 조항 각각에 대한 국회의 의견(각 당의 의견 포함)을 첨부하여 공고하면, 전체 인민이 전자통신투표[16]를 하여 법률안을 확정한다(찬성 혹은 반대). 유권자 과반수의 투표와 투표자 과반수의 찬성으로 확정(이하의 모든 전자통신투표는 이 규정을 준용한다)하되, 그렇지 못할 경우 자동 폐기하고, 통과된 법률안은 행정부 수반이 15일 이내에 반드시 공고한다(거부권 불허). 법률안 투표는 월 2회 정도 정기적으로 실시하고, 투표 기간은 1주일 이상 확보하는 것이 바람직할 것이다.

예산안도 마찬가지로 국회가 심의하고 인민이 결정하며, 조약의 체결·비준 동의권도 국회는 심의만 하고 동의권은 인민이 갖는다. 단 예산안의 경우 예산 부서를 국회 소속으로 바꾸어 예산안을 편성하되, 예산관리인민위원회 같은 기구를 통해 인민이 예산 편성 과정을 전부 관리할 수 있도록 해야 할 것이다.

회는 최소한의 '심의' 기능만 갖게 된다는 것이다. 이하에서 구체적으로 언급하지 않더라도 '대표' 기능은 전부 인민이 직접 행사한다.

[16] 컴퓨터, 이동통신 단말기, 스마트폰 등 제반 전자통신 도구를 사용하여 유권자가 온라인상에서 유권자 인정을 받아 온라인상에서 개별적으로 하는 투표를 전자통신투표로 정의하고자 한다.

이와 더불어 현행 헌법 제42조를 "국회의원의 임기는 2년으로 하되, 계속 재임은 2기에 한한다."로 바꾸어야 할 것이다. 이제 국회의원은 강력한 권력을 가진 헌법기관이 아니라 심의만 하는 봉사직이기 때문이다. 이와 동시에 국회의원 보좌진을 2명 이내(현재의 5분의 1 수준)로 대폭 줄이고, 그 대신에 국회 소속으로 법률안이나 각종 청문 등 제반 사항의 심의를 지원할 수 있는 각 분야 전문가와 일반 인민으로 구성된 '인민심의지원단'을 충분하게 두어야 할 것이다. 그리고 국회의장단, 상임위원장 등 국회직은 희망자 중에서 추첨[17]을 통해 선출하고 임기는 1년으로 하며, 전 임기 중 1회만 하는 것으로 하여 권력을 없애야 한다.

이런 원칙에 따라 관련 헌법 조항을 전부 개정해야 한다.

이러한 원칙은 지방의회와 지방정부에도 그대로 적용되어 준용된다. 해당 지방의회와 지방정부(기초, 광역 포함)는 해당 지역의 인민이 입법한다.

선거권: 선거권은 현행처럼 인민이 대통령, 국회의원 등 기타 선출직 공무원을 선출할 수 있는 선거권이다. 단 당선자의 정당성 확보를 위해 오프라인 선거는 유권자의 과반수 이상의 직접 투표와 투표자 과반수 이상의 득표자를 당선자로 확정하는 것으로 해야 한다(이하에서 오프라인 직접 투표는 이 규정을 준용한다).[18]

---

17 추첨은 가장 민주적인 방식이다.
18 이를 위해 오스트레일리아에서 실시하고 있는 선호 이전식(選好移轉式) 투표 제도(single transferable vote)를 도입해야 할 것이다. 이 제도는 출마한 후보 전원에 대해서 유권자가 순위를 부여하는 방식으로 투표하며, 1순위에서 과반수를

선출권: "대법관, 헌법재판관, 중앙선거관리위원회 위원, 감사위원, 검찰위원[19]은 인민이 직접 선출한다."는 조항을 신설해야 한다. 후보가 되려는 자는 유권자 1% 이상의 연대 서명을 받아 자기 추천을 하고, 이들을 국회(인민심의회)가 확인, 청문한 후, 국회(인민심의회)의 의견(각 당의 의견 포함)을 첨부하여 공고하면, 전체 인민이 전자통신투표를 하여 후보자를 확정한다(예를 들어 선출할 후보가 3명이면 후보자 중에서 유권자가 3명에게 투표한다). 후보(해당 재판관 또는 위원)를 다 선출하지 못하면 동일한 과정을 반복한다. 선출된 자의 임기는 4년 단임으로 하고, 대법원장은 대법관 중에서, 헌법재판소장은 헌법재판관 중에서, 중앙선거관리위원장은 선관위원 중에서, 감사원장은 감사위원 중에서, 검찰총장은 검찰위원 중에서 추첨으로 선임하며, 임기는 2년 단임으로 한다. 선출된 인사안은 중앙선거관리위원회(위원장)에서 결과를 즉시 공고하고—행정부 수반이 공고하는 것이 아니라—공고와 동시에 효력이 발생한다.

인민소환권: 인민은 인민이 선거를 통해 선출한 공무원(대법관, 헌법재판관, 중앙선거관리위원회 위원, 감사위원, 검찰위원도 포함하며 지방 공무원도 포함한다)이 부정, 비리 등 헌법이나 법률

얻은 후보가 없을 경우 후순위 득표를 가지고 종합적인 득표 순위를 정하여 과반수 득표자를 결정할 수 있다.

19 인민 위에 군림하는 검찰이 아니라 인민에게 봉사하는 검찰이 되기 위해서는 검찰의 개념과 역할, 기능을 새롭게 정립해야 한다. 이러한 전제하에 검찰의 독립성, 중립성, 공정성 확보를 위해 인민이 직접 선출하는 '검찰위원' 제도를 새로 도입해야 할 것이다.

을 위반하거나 업무 수행이 불성실할 경우 언제든지 소환할 수 있다. 소환이 발의되면 소환 투표가 이루어질 때까지 모든 권한 행사가 정지된다.

인민소환은 유권자 3% 이상의 연대 서명으로 인민이 발의, 제출하고, 이를 국회(인민심의회)가 심의하여, 국회(인민심의회)의 의견(각 당의 의견 포함)을 첨부하여 공고하면, 전체 인민이 전자통신투표를 하여 인민소환안을 확정한다. 해당 선거관리위원회가 인민소환을 확정하면 피소환자는 그 즉시 파면된다. 인민소환은 임기 중 연간 1회 최대 4회까지만 허용한다.

탄핵권: 인민은 행정부 수반이 임명한 국무총리 및 정부 각 부처의 장에 대한 탄핵권을 갖는다. 탄핵권은 인민소환권에 준하되, 유권자 2% 이상의 연대 서명으로 발의한다.

정책 결정권: 행정부와 각 헌법기관의 주요 정책(인민의 생활에 중요한 영향을 미치는 정책으로 그 정책 종류를 구체적으로 정하여야 함)은 해당 부처와 헌법기관이 제출하고, 이를 국회(인민심의회)가 심의하여, 각 정책에 대한 국회(인민심의회)의 의견(각 당의 의견 포함)을 첨부하여 공고하면, 전체 인민이 전자통신투표를 하여 정책을 최종 결정한다. 정책 결정 투표도 법률안 투표와 같은 방식으로 운영하면 된다.

기본권 관련해서는 헌법의 해석권이 인민에게 있다는 것을 새롭게 규정하고, 사형제를 폐지하고, 평등 규정을 강화(사상·학력·성력·언링·가문에 의하여 차별받지 않아야 한다는 것 추가)

하고, 사상의 자유를 보장하고, 평등하게 교육받을 권리를 보장("모든 국민은 균등하게 교육을 받을 권리를 가진다.")하고, 일자리 제공, 고용 안정 보장 및 최소 생활수준 보장 내용을 추가해야 한다.

경제 조항에는 '사회정의의 실현과 균형 있는 국민 경제의 발전', '토지 공개념', '토지 소유 제한', '종합부동산세 과세 근거' 등을 추가해야 한다. 또한 인간해방의 복지국가를 지향할 수 있도록 비정규직, 청년 실업, 자영업 등의 보호와 관련되는 차별 해소 조항을 추가해야 한다.

무엇보다 지방자치를 강화해야 한다. 지방자치법에 규정된 주민 투표, 조례의 제정 및 개폐 청구권, 감사청구권, 주민 소송 등 주민의 권리를 앞에서 설명한 입법권, 인민소환권 등에 맞추어 개정하여 헌법상의 권리로 확보함으로써 공동체의 주인이자 아나키즘 사회의 주인인 주민의 지위와 권리를 강력하게 보장해야 한다.

그 외 대통령의 지위를 행정부 수반으로 한정하고 제왕적 권리를 대폭 제한해야 하며, 감사원을 국회(인민심의회)로 이관해야 한다.

한편 정당에 대한 국고 지원을 없애야 한다. 정당은 정치적 결사체다. 정치 결사를 위해 모인 사람들의 조직인데(그 정치 결사체를 인정하지 않거나 반대하는 사람도 많은데), 여기에 인민의 세금을 지원한다는 것은 모순이다. 정치 결사체는 그것을 위해 모인 사람들이 자발적으로 운영하는 것이 맞다. 한편으로는 아나키스트 사회가 되면 정당은 거의 쓸모가 없어지기 때문에 정치 결사체는 힘을 잃고 다양한 지역, 직능 공동체가 그것을 대신할 것이다. 이제 정당의 시대를 끝내고 인민의 시대를 여는 것이다.

헌법 개정은 2단계로 한다. 먼저 유권자 10% 이상의 연대 서명으로 인민이 발의, 제출하고, 이를 국회(인민심의회)가 심의하여, 헌법 개정안의 조항 각각에 대한 국회(인민심의회)의 의견(각 당의 의견 포함)을 첨부하여 공고하면, 전체 인민이 각 조항별로 찬반 전자통신투표를 하여 1차 확정(1차 개정안)한다. 1차 개정안에 대해 유권자가 다시 오프라인 직접 투표를 하여 헌법개정안을 최종 확정한다. 통과된 헌법 개정안은 중앙선거관리위원회(위원장)에서 결과를 즉시 공고하고 공고와 동시에 효력이 발생한다.

여기서 인민이 가지게 되는 모든 권리는 현행 헌법에서는 단 한 자도 규정되어 있지 않은 것들이다. 우리가 2027년에 우리 사회를 이렇게 바꾸어낸다면 우리 사회는 유사 이래 가장 혁명적인 공동체 중의 하나가 되는 것이다.

2) 지배자 없는 사회, 집단 정치

우리는 마지막 3단계—2037년 이후 체제—에서 지배자 없는 사회를 실현해야 한다. 2037년 이후 체제는 기존의 헌정과는 질적으로 달라지므로—국가에서 공동체로 질적 도약을 하므로—헌법을 재구성해야 한다.

인류는 지배자 없는, 국가 없는 사회를 오랫동안 누렸다. 바로 원시사회다. 마샬 살린스(Mashall Sahlins)는 원시사회가 최초의 여가 사회이자 풍요로운 사회라고 했다.

정치인류학자 피에르 클라스트르(Pierre Clastres)가 『국가에 대항하는 사회』에서 한 다음과 같은 말은 오늘 우리에게 시사하는 바가 많다. "국가의 뿌리는 경제라는 대지 속에 박혀 있는 것이 아니다. 국가 없는 사회, 즉 원시사회의 경제적 작용 속에서 좀 더 잘 사는 자와 못사는 자의 차이를 만들어낼 수 있는 것은 아무것도 없다. 왜냐하면 그곳에는 이웃보다 더 많이 일하거나, 더 많이 갖거나, 더 낫게 보이고자 하는 이상한 욕망을 지닌 사람이 한 사람도 없기 때문이다. 전원에게 동등하게 나누어진, 물질적 필요를 충족시키는 능력과 재화의 사적 축적을 막는 지속적인 교환은 그러한 욕망, 즉 사실은 권력의 욕망인 소유의 욕망을 자연스럽게 불가능하도록 만든다. 최초의 풍요로운 사회인 원시사회는 과도한 풍요로움을 향한 욕망을 허용하지 않는다. 원시사회는 국가가 존재하는 것이 불가능하기 때문에 국가 없는 사회이다."(클라스트르, 2005: 253)

클라스트르는 원시사회는 개인적이고 집중화되고 분리된 정치권력의 출현을 거부함으로써 원시사회의 질서를 유지했으며, 따라서 국가가 차지할 여지가 있는 장이나 공백이 원시사회에는 존재하지 않았다고 한다. 그는 국가 없는 사회인 원시사회와 국가 있는 문명사회를 구분하는 중요한 기준은 권력을 사회(인민)가 통제하는가 아니면 누군가(지배층)가 독점하는가라고 본다. 그는 원시사회는 권력 독점—지배와 복종이라는 권력관계의 출현—을 막기 위한 세밀한 장치가 작동되고 있었다고 본다. 그래서 원시사회는 국가가 존재하는 것이 불가능했고, 국가가 없는, 지배자가 없는, 모두가 평등한 풍요로운 사회였던 것이다.

2027년 체제는 권력을 사회(인민)가 통제하기 위한 최소한의 장치다. 그 장치가 긴밀하게 작동하기 시작하면 지배자 없는 사회, 2037년 이후 체제를 열 수 있는 것이다. 2037년 이후 체제는 아나키즘이 그리는 이상적인 사회다.

2037년 이후 체제는 2027년 체제에서 나아가 지배자를 없애는 것이다.

먼저 상설 국회의원(인민심의의원)도 완전히 없애는 것이다. 인민심의회 풀을 크게 만들어 매달 그 풀에서 심의의원을 추첨으로 뽑아 심의를 하게 하는 것이다. 이렇게 되면 모든 권력을 인민이 가지게 된다.

이어 행정부 수반과 앞에서 인민이 선출한 각 헌법기관(대법관 등)도 선출하지 않는 것이다. 이 부분은 '집단 정치'로 대체하는 것이다. 집단 정치는 집단 지성[20]의 개념을 정치에 도입하는 것이다. 집단 정치에 참여할 인민을 매월 추첨으로 뽑아, 집단 지성을

---

20 (우수한) 한 명이나 소수의 의견보다는 (덜 우수한) 다양하고 독립적인 여러 사람의 통합된 지성이 올바른 결론에 가깝다는 '집단 지성(collective intelligence)'의 개념은 '집단 정치'에 많은 통찰을 준다. '중지(衆智)를 모은다.'라는 말이 있듯이 전통적으로 우리는 여러 사람의 지혜를 모아 문제를 해결하려고 노력해왔다. 이러한 전통에서 보면 우리는 오랫동안 집단 지성을 만들어내기 위해 노력해왔다. 그런데 정보사회가 되면서 시공간의 제약을 극복한 사이버공간에서 훨씬 쉽고 빠르게 집단 지성을 만들어낼 수 있게 되었다. '위키백과', IBM의 '이노베이션 잼(Innovation Jam)', '오픈 소스' 등을 대표적으로 들 수 있다.

통해 문제를 해결하고 계획을 도출하듯이 집단 정치를 통해 인사를 하고 정책을 입안하고 현안 문제를 해결하는 것이다. 물론 집단 정치로 안출하는 주요 정책도 앞의 2027년 체제에서처럼 인민의 동의를 받아야 한다.

앞에서 원시사회는 여가가 있고 풍요로운 사회라고 말했다. 우리가 맞이할 2027년과 2037년도 풍요와 여가를 누리는 사회가 될 것이다.[21] 아리스토텔레스는 『정치학』에서 부와 여가를 정치 참여의 기본 조건이라고 했다. 풍요롭고 여가가 있어야 인민은 자발적으로 정치에 참여할 수 있는 것이다. 민주주의 사회는 인민이 직접 정치에 참여해야 하므로 정치 수요가 매우 많아진다. 그때 풍요와 여가는 기본 조건이다. 우리는 정보사회의 토대 위에서 풍요와 여가를 향유하게 되므로 민주주의 사회, 아나키스트 사회를 만들어낼 수 있는 기본 여건을 다 갖추는 것이다.

이렇게 하여 인민이 직접 정치를 하는 민주주의의 완성태, 아나키스트 사회가 도래하는 것이다. 이것이 바로 정치가 해소된 정치만, 지배가 해소된 지배만 존재하는 세계, 자율적 인간이 자율적

---

21 물론 이때의 풍요와 여가는 원시사회의 질적인 풍요와 여가와 똑같지는 않을 것이다. 그러나 양적인 풍요와 여가는 수많은 경제, 정치투쟁을 통해 질적인 풍요와 여가를 견인할 것이다(변증법의 양질 전화의 법칙을 들지 않더라도 역사가 이를 예증하고 있다). 물론 T. H. 마셜은 풍요로운 사회에 대한 낙관적 전망에 부정적—그 사회가 반드시 복지국가를 지지하는 것은 아니다—이다(마셜, 근간). 그러나 그의 탐구가 자본주의 체제를 전제하고 있기 때문에 나는 자본주의 이후의 민주주의 사회에서는 인민이 원하는 풍요와 여가를 만들어낼 수 있다고 본다.

으로 존재하는 세계다. 인류가 태초의 꿈으로 돌아가 그 꿈을 실현하는 세계다.

6. 지금, 여기에서 직접행동을!

정보기술의 비약적인 발전으로 우리 인류는 지금까지 한 번도 가보지 않은 길을 매일매일 새롭게 가고 있다. 그 길의 끝은 '인간해방'이다. 이제 인간해방을 향한 고난의 행군이 끝날 날이 조금씩 보이기 시작한다.

바로 민주주의 사회(=아나키즘 사회)를 실현하고자 하는 꿈이 점점 현실이 되며 커지고 있는 것이다. 기술적으로 뒷받침이 되고 있고, 공론장이 만들어지고 있고, 그리고 풍요와 여가를 가지기 시작한 인민이 열망하고 있기 때문이다.

신자유주의로 대변되는 자본주의는 이제 종말을 고할 때가 되었다. 무한 생산, 무한 소비의 자본주의는 그 자체 내에 이미 자멸의 속성을 가지고 있는 체제다. 자본주의의 실험은 자본 그 자체의 폭력과 폭식으로 인류를 멸망의 길에 들게 함으로써 이미 끝났다. 그래서 지금 아나키즘이 21세기의 대안이자 인류의 대안으로 떠오르고 있다.

이제 우리 아나키즘은 어둠 속(밤)의 사상이 아니라 한낮의 사상으로 거듭나야 한다. 지하와 대항과 저항에 머무는 것이 아니라 지상과 극복과 대안으로 나아가야 한다.

이를 위해 아나키스트 정치 연대를 만들어 한 걸음씩 나아가야 할 것이다. 지역별, 직능별(분야별)로 아나키스트 정치 모임을 자율적으로 만들고 이것이 전국 연대로 자유 연합해야 할 것이다. 또한 전국에 산재해 있는 자치 공동체, 대안학교, 문화 예술 모임도 함께 연대하여 힘을 모아야 할 것이다. 오프라인 광장에서도 온라인 광장에서도 아나키스트 공론장을 만들어야 할 것이다.

나는 5절에서 아나키스트 정치가 가야 할 길을, 그 구체적인 목표를 시론적으로 구상해보았다. 물론 앞으로 이러한 구상은 많은 논의를 통해 더 구체화되어야 할 것이다.

이제 우리가 해야 할 일은 '직접행동'이다.

아나키즘의 특징은 이론만 앞세우지 않는다는 것이다. 아나키스트들은 공리공론을 좋아하지 않는다. 고전 아나키즘을 정립한 아나키스트들은 언제나 투쟁과 봉기의 현장에 있었다. 팸플릿을 만들고 투쟁 계획을 수립하고 투쟁 현장에서 앞장을 섰다. 아나키즘의 '행동에 의한 선전(propaganda by deed)'은 아나키즘의 직접행동과 실천 지향성을 유감없이 드러낸다.

한국의 아나키스트 선배들도 빛나는 직접행동의 전통을 가지고 있다. 우리 아나키스트 선배들—이회영, 신채호, 백정기, 유자명, 박열, 유림 등—은 일제강점기 때는 반제국주의 독립 투쟁을 최전선에서 가장 치열하게 전개했고, 해방 공간에서는 민주 사회 건설을 위한 정치투쟁과 사회 투쟁에 헌신했다.

그리고 해방 후 한국 사회는 1960년 4.19혁명, 1980년 광주민주화운동 그리고 1987년 6월항쟁 등을 통해 다수 시민이 참여하는 직접행동의 찬란한 전통을 계승했는데, 이는 2002년, 2004년, 2008년의 촛불집회로 이어졌다. 특히 촛불집회는 100여 년 전의 만민공동회[22]를 재현한 듯 새로운 형태의 시민 의식이 분출된 직접행동으로 주목받았으며, 앞으로 아나키즘 사회로 나아가는 데 있어 매우 중요한 함의가 있다고 보인다.

  아나키즘의 이념은 직접행동을 통해 표출되고 실천되었다. 오늘날 한국 사회에서는 도시 광장의 공론장과 인터넷 공론장이 유기적으로 결합되고 서로 피드백이 이루어지면서 시민 참여의 직접행동의 장이 지속적으로 열리며 확대되고 있다. 아나키즘은 직접행동을 통해 이론과 실천이 상호작용을 하면서 혁명과 혁신을 현장에서 만들어온 오래된 전통이 있다. 따라서 우리가 '아나키스트 정치'를 실현하기 위해서는, '아나키스트 사회'를 만들어내기 위해서는 무엇보다 아나키즘의 오랜 전통인 직접행동이 필요하다.

참고 문헌

김성국, 2007, 『한국의 아나키스트: 자유와 해방의 전사』, 이학사.
김성국, 2011, 「잡종 사회의 도래외 잡종 이론: 탈권력 사회국가론을 위한 시론」 『사회와 이론』 제19집: 7~46.

---

[22] 만민공동회의 역사적 전개와 의미 및 그것을 촛불집회와 관련하여 분석한 책으로는 『1898, 문명의 전환』(전인권·정선태·이승원, 2011)을 참조하기 바란다.

김성국, 2012, 「잡종화로서의 아나키: 방법론적 아나키즘과 실용적 아나키즘을 위하여」 『사회와 이론』 제21-2집: 423~455.
루소, 장자크, 2010, 『사회계약론』, 김중현 옮김, 웅진씽크빅.
마셜, T. H., 근간, 『시민권과 복지국가』, 김윤태 옮김, 이학사[T. H. Marshall, *Class, Citizenship, and Social Development*(University of Chicago Press, 1977)].
바라다트, L. P., 2005, 『현대정치사상』, 신복룡 외 옮김, 평민사.
서병훈 외, 2011, 『왜 대의민주주의인가』, 이학사.
실러, 허버트, 2002, 『정보 불평등』, 김동춘 옮김, 민음사.
아리스토텔레스, 1982, 『정치학·시학』, 나종일·천병희 역, 삼성출판사.
오웰, 조지, 1999, 『1984년』, 김병익 옮김, 문예출판사.
전인권·정선태·이승원, 2011, 『1898, 문명의 전환: 대한민국 기원의 시공간』, 이학사.
조유진, 2012, 『헌법 사용 설명서』, 이학사.
클라스트르, 피에르, 2005, 『국가에 대항하는 사회』, 홍성흡 옮김, 이학사.

아나키즘과 동아시아 공동체

조세현

1. 20세기 초반 아나키스트의 동아시아 연대

무정부주의라는 근대 번역어로 널리 알려진 아나키즘은 보통 정부나 국가를 부정하는 사조로 인식되었다. 실제로 아나키스트들은 민족과 국가를 넘어 초민족적, 초국가적 연대를 추구했는데, 권위주의적 국가에 대항하는 그들의 태도는 다양한 공동체의 실험으로 나타났다. 자치를 전제로 한 작은 공동체를 기초로 상호연대의 과정을 통해 좀 더 큰 공동체로 나아가는 방식이다. 역사적으로 보면 동아시아의 아나키스트는 근대적 국민국가의 억압에 저항하면서 아래로부터의 동아시아 공동체를 추구하였다. 이것은 일본의 아시아주의가 위로부터 제기되어 식민주의와 제국주의로 변질된 것과는 뚜렷한 대비를 이룬다. 특히 20세기 전반기 아나키스트의 교류와 연대를 통한 동아시아 혁명 단체의 조직 시도는 변혁 이론으로서 동아시아 공동체론에 주목하는 연구자에게 영감을 제공한다. 몇 가지 사례를 소개하면 다음과 같다(조세현, 2010).

일본과 중국의 아나키스트가 교류하기 시작한 1907년에 이미 일본 도쿄에서 고토쿠 슈스이(幸德秋水), 장지(張繼), 류스페이(劉師培) 등을 중심으로 '아주화친회(亞洲和親會)'라는 동아시아 최초의 반제국주의 단체가 만들어졌다. 이 단체는 "제국주의에 반대하여 스스로 자신의 민족을 보존하는 것"을 목적으로 하면서도 민족독립을 넘어 아시아 혁명을 달성하기 위해 아시아 각국의 연합을 결성하고자 했다. 여기에는 인도, 베트남, 필리핀, 말레이시아 혁명가들이 참여했다고 하며, 한인도 참여했다는 주장이 있다. '아주(亞洲)', 즉 아시아를 민족이나 국가 차원의 혁명을 넘어 세계혁명으로 나아가기 위한 범주로 설정했다는 점이 주목할 만하다. 아주화친회와 관련해 류스페이가 쓴 「아주현세론(亞洲現勢論)」에서는 아시아 약소민족의 동시 독립과 정부의 폐지를 주장했고, 약소민족이 독립한 후에는 아시아 연방을 결성하자고 역설했다. 특히 자국의 통치자뿐만 아니라 외국의 제국주의에도 반대할 것을 주장하면서 침략 정책을 실시하던 일본 정부를 '아시아의 공적'으로 보았다(劉師培, 1907).

1910년대에 아시아의 이름을 걸고 등장한 급진주의자의 국제조직으로는 일본에서 결성된 신아동맹당(新亞同盟黨)이 있다. 이 단체는 중국에서는 대동(大同黨)으로 발전했으며, 조선에서는 사회혁명당(社會革命黨)이란 간판을 내걸었다. 아나키즘 색채가 선명했던 이런 단체들은 중국, 조선, 대만을 넘어 아시아 여러 나라의 혁명가와 연대를 추구하였다. 그후 한인 아나키스트 가운데서도 동아시아 공동체를 추구하는 데 공헌한 사람들이 등장하였다. 예를 들어 유서(柳絮)는 「동아 무정부주의자 대연맹을 조직할 것을 주장함」에서 식민지인 인도, 조선, 필리핀, 베트남, 대만 등의 민중운동이 협소한 민족주의 운동에 그친다고 비판하면서 애국의 광풍을 넘어 동아시아 아나키스트 대연맹을 만들자고 제안하였다. 그는 밑으로부터 위로, 주변에서 중심으로 향하는 자유연합주의를 선전하였다(柳絮, 1926). 한인 가운데 보기 드문 이론가였던 유서는 『약소민족의 혁명 방략』이라는 소책자를 써서 식민지 해방운동의 이론적 체계화를 시도하였다.

1920년대 말에는 동아시아 차원의 아나키스트 연합 단체의 조직 움직임이 어느 때보다도 활발하였다. 일본에서는 흑색청년연맹(黑色靑年聯盟)이 결성되어 동아시아 여러 나라에 지부를 만들었으며, 중국에서도 상하이노동대학이나 취안저우(泉州)민단훈련소 같은 국제 연대 활동이 있었다. 특히 1928년에는 중국 상하이에서 중국, 조선, 일본, 대만, 인도, 필리핀, 베트남 등 7개국을 대표하는 다수의 아나키스트들이 자유연합의 조직 원리 아래 동방무정부주의자연맹(東方無政府主義者聯盟)을 결성하였다. 이 단체는 아시아를 연상시키는 『동방(東方)』이라는 제목의 기관지를 발행하였다. 이런 동시다발적인 연대의 움직임은 아나키즘-볼셰비즘 논쟁 이후 사회주의 진영의 분열과 코민테른의 독재에 반대하는 아나키스트의 집단적 반응으로 보인다. 이 시기 한중일 아나키스트늘은 크고 작은 아나키즘 공동체를 만들었으며 많은 좌절에도 불구하고 이상촌 건설에 대한 시도는 계속되었다. 1930~40년 대 일본의 대륙 침략에 따른 장기간의 항일 전쟁의 시기에도 동아시아 아나키스트의 교류와 국제 연대는 끊이지 않았다.

앞에서 열거한 역사적 사실에서 보이듯이, 20세기 초반 동아시아론의 역사성을 확인할 때 아시아 각국의 아나키스트가 동아시아 공동체 추구에 대해 일정한 역할을 담당했으며 따라서 나름의 지분을 가지고 있다는 사실을 확인할 수 있다.

중국 아나키즘에 대한 탁월한 저서를 쓴 아리프 딜릭은 20세기 초반 동아시아 사회에서는 아나키즘이 주도적 이념이었으며 사회다윈주의적 제국주의에 대항해 또 다른 선택 가능성을 제시했다고 높이 평가한 바 있다(Dirlik, 1991). 딜릭의 학생인 황동연은 20세기 초 동아시아 급진주의자들, 특히 아나키스트들이 서구의 '아시아'가 아닌 초민족적이고 세계주의적 전망을 갖는 새로운 아시아를 창안했다고 지적한다(황동연, 2005; 2009). 한편 '상상의 공동체'로 유명한 베네딕트 앤더슨도 최근 연구에서 아나키즘의 프리즘을 통해 필리핀의 민족운동을 분석하면서, 아나키즘과 같은 국제주의가 민족주의와 전혀 공존할 수 없는 것이 아니라는 사실을 설명하였다. 그는 아나키스트가 민족주의에 대해서 어떤 이론적 편견도 품지 않아서 식민지의 민족해방운동가에게도 아나키즘이 손쉽게 흡수되었다고 생각한다(앤더슨, 2009).

요컨대 20세기 초반 동아시아 아나키스트는 국가 주도의 지역연대가 아닌 민간 차원의 지역 연대를 주장한 것이 특징적인데, 어떤 정치 파벌보다 자민족 중심주의를 벗어나 아시아에 대한 수

평적 사고를 했다는 사실을 높이 평가할 만하다.

2. 21세기 초 아나키즘적 상상력과 동아시아론

오늘날 아나키스트들은 단숨에 국가를 없애는 것이 불가능하다는 사실을 기꺼이 인정한다. 왜냐하면 국가가 근본적으로 문제가 있다고 해서 단번에 사라지지는 않는다는 사실을 오랜 역사적 경험 속에서 깨달았기 때문이다. 정치에 대한 반(反)정치를 주장하는 것만으로는 현실 정치에서 승리할 수 없는 것이다. 그래서인지 아나키스트들은 중앙 권력에 대한 혐오감을 드러내면서도 장기적으로 국가를 해체하기 위해 국가의 기능을 활용하거나 최소 정부를 추구하려는 경향이 있다. 혹은 오래전부터 존재했던 국가나 정부를 대신해 새로운 사회조직을 통해 국가를 근본적으로 재구성하려 한다. 그런 방법 가운데 하나가 국제 연대의 기초 위에 '지역' 간 연합을 통해 새로운 출로를 모색하는 것인데, 대표적인 실험이 바로 동아시아 공동체론일 것이다.

냉전의 시대인 20세기 후반기에는 동아시아 사회가 미국 중심의 자본주의 진영과 소련 중심의 사회주의 진영으로 재편되면서 동아시아 공동체론이 성장할 토양이 사라졌다. 그러나 1990년대 현실 사회주의의 붕괴와 냉전의 종식은 새로운 변화를 가져왔다. 특히 동아시아라는 지역적 범주가 주목을 받으면서 자본주의 세계화에 맞설 강력한 수단을 동아시아 공동체가 제공해줄지도 모른다는 기대가 나타났다. 동아시아 공동체론은 국가권력 차원이나 민간 교류 차원뿐만 아니라 학계를 중심으로 한 동아시아론 등 다양한 형태로 표출되었다. 국내의 동아시아 공동체론은 그동안의 지나친 서구 지향성의 한계를 극복하고 자생적인 이론의 틀을 마련하자는 취지에서 모색되었다. 하지만 현재까지 아나키스트가 주도하는 동아시아 공동체 운동은 뚜렷하게 나타나고 있지 않다.

이 글에서는 최근 학계에서 논의되는 동아시아론 가운데 아나키즘적 시각이 반영된 주제들에 한해 간단히 소개하고자 한다.

아나키즘과 동아시아론과 관련해 주목해야 할 대표 인물은 앞서 언급한 딜릭이다. 그는 전통과 근대화를 대립적으로 파악하는 서구 중심의 근대화론과 문화주의에 반대해 전 세계적 변혁 운동의 흐름 속에서 중국을 바라보았는데, 특히 전 지구적 자본주의 문제에 관심을 기울이면서 아나키즘적 관점에서 동아시아론을 언급해 흥미롭다.

딜릭은 동아시아 지역에서 등장한 새로운 자본주의 강국들이 구미의 전통적 자본주의 국가들에 도전하면서 '전 지구적' 자본주의에 대해 사유하지 않을 수 없게 되었다고 말한다. 이러한 현대 자본주의는 국가주의에 선행하는데, 자본은 정치권력을 필요로 하지만 반드시 국민국가의 형태를 취할 필요는 없기에 더욱 오래 살아남을 것이라고 예측한다. 그는 전 지구적 자본주의에 대항하기 위해서는 지역적인 것이 소중하지만 이 경우에도 지역적 저항은 의식이나 행동에서 초지역적이어야 한다고 보았다. 딜릭의 방안은 비판적 지역주의에 근거한 전 지구적 연계로 압축되는데, 여기서 '비판적 지역주의'란 전 지구적 자본주의에 의해 장악된 현재를 지역의 토착적 과거의 관점에서 비판적으로 대면하면서도, 과거를 평가하는 경우에는 근대성으로부터 제공받은 비판적 관점을 유지하는 입장이다. 그는 중앙집권적 권력을 경계하지만 민족국가의 초지역적 연합의 중요성을 무시하지 않는다. 왜냐하면 자본의 불평등을 폭로하고 이에 저항하려면 지역을 근거로 한 초지역적 연합이 무엇보다 필요하기 때문이다(딜릭, 1998).

아울러 딜릭은 최근 들어 확산되는 '유교의 부흥'이 새로운 문명적 대안이 아니라 세계화의 산물이라고 주장하며 유교가 전 지구적 자본주의 이데올로기에 통합되었다고 본다. 유럽 중심주의를 와해하려는 유교 부흥의 노력이 실제로는 유럽 중심적인 오리엔탈리즘의 범주에 묶여 있다는 것이다. 그는 아시아, 동아시아란 표현은 당연히 거기에 있는 장소를 가리키는 표현이지만, 실은 아시아는 우리가 생산해낸 상품으로, 진실로 우리가 상상해낸 산물이라고 생각한다. 이런 관점들은 국내 학계의 동아시아론에 적지 않은 영향을 주었다.

한국 학계에서 동아시아론을 주도하는 창비그룹의 동아시아론에 대해서는 기존 논문 가운데 정리된 것이 적지 않으므로 굳이 자세히 설명하진 않겠다. 널리 알려졌듯이, 이들은 한반도의 분단체제의 극복이라는 과제에서 동아시아를 구상하다 이제는 국민국가를 주된 비판 대상으로 삼으며 논의를 심화시키고 있다. 특히 백영서는 비만해진 민족주의를 의식하면서 한국과 세계의 매개항으로서 동아시아를 수복하면서, 이곳에서 "전 지구적 자본의 획일화 논리에 저항하는 커다란 과제를 실현할 거점을 확보할 수 있을 것"이라고 기대한다. 그는 '이중적 주변의 시각'을 제기하여 세계사적 차원에서 주변 지역에 위치한 동아시아적 시각에다, 동아시아 지역 내부에 다양하게 존재하는 중심-주변에 대한 시각을 결합한다(백영서, 2009). 이른바 '국가들의 동아시아'를 넘어 '지역과 문명으로서의 동아시아'에 주목하는 것이다. 이처럼 창비 측의 견해 가운데 일부는 '열린 지역주의'를 제창하며 딜릭의 영향을 받고 있지만, 민족주의에 대한 비판을 자제함으로써 아나키즘과는 일정한 거리를 두고 있다. 이에 대해 아나키즘적 색채가 더욱 짙은 박노자는 창비그룹의 온건한 동아시아론에 대해 그 의의를 인정하면서도 '아래로부터의 연대' 시각이 뚜렷하게 보이지 않는다면서 급진적, 계급적 해결 전망을 충분히 고려하지 않는다고 지적한다(박노자, 2007).

한편 임지현을 중심으로 한 트랜스내셔널 논의 역시 아나키즘적 상상력과 관련이 깊어 보인다. 그는 민족주의란 서구 중심적인 시선 아래 만들어진 것이라는 전제하에 특정 국가의 경계에서만 바라보는 국민국가 패러다임을 극복하려기 위한 차원에서 트랜스내셔널을 제안한다. 특히 트랜스내셔널 히스토리는 민족국가 개념을 넘어선 초국가적인 새로운 전환이 필요하다는 인식 아래 동아시아 공동의 역사를 탐구한다. 앞으로 중국사를 이해하려면 중국 측 기록 말고도 만주, 몽골, 티베트, 터키 자료 등도 보아야 하며, 한국의 식민지 역사를 이해하기 위해서는 일본, 중국, 대만, 만주 등 주변 전 지역을 대상으로 삼아야 한다는 것이다(임지현, 2011). 이런 시도는 동아시아 역사 갈등을 해소할 수 있는 새로운 대안적 역사관의 하나로 주목받고 있다.

이와 비슷한 맥락에서 한 연구자는 기존의 동아시아론에서 현실적 방안이 모호한 것을 돌파하기 위해 연구를 '초국가적 공간'으로부터 접근하자고 제안한다. 여기서 초국가주의란 전 지구적 차원의 세계화에 대응해 출현한 개념으로, 탈근대 탈민족주의 담론과 일정한 거리를 두는 특징이 있다. 이런 접근 방법은 민족국가의 힘과 역할을 부정하지 않으며, 동아시아론에 내재된 지역주의를 넘어설 가능성과 국가 하위 수준의 경계들을 충분히 고려하는 장점을 지니고 있다(박상수, 2010).

인문학자를 중심으로 논의되던 동아시아론은 사회과학 영역으로 확대되어 동아시아 경제모델, 혹은 동아시아 협력체에 대한 논의들이 활발해졌다. 한 논문에서는 동아시아 공동체 담론을 첫째 동아시아를 문화적으로 동질적인 단일 지역공동체로 간주하고 여기에서 이 지역의 특수한 정치 경제 체제를 구상하는 '동아시아 아이덴티티' 담론, 둘째 동아시아에서 서구 근대의 대안이 되는 새로운 체제를 찾고자 하는 '대안적 공동체로서의 동아시아' 담론(창비그룹), 셋째 동아시아 경제 공동체 형성에 초점을 맞춘 '경제 공동체' 담론, 넷째 동아시아 지역주의를 이 지역에서의 강대국의 패권 추구와 이에 대한 대응에 초점을 맞추어 바라보는 '지역 패권주의' 담론 등으로 나누고 있다. 첫째와 둘째 담론을 인문학자들이 주도했다면, 셋째와 넷째는 정치와 경제 담론으로 사회과학자늘이 정책학적 차원에서 동아시아 공동체를 추구하는 것이다

(박승우, 2008). 이제 막 시작된 사회과학적 논의에 아나키즘적 상상력을 부여하는 것이 동아시아론에서 동아시아 공동체론으로 나아가기 위한 앞으로의 과제 가운데 하나일 것이다.

정리하자면 지난 세기에 나타난 아나키스트의 아래로부터의 국제 연대 정신은 현재에도 이어져 신자유주의자들이 주장하는 자본의 세계화와 근본적으로 대립하며 반세계화 운동을 전개하고 있다. 왜냐하면 아나키스트들은 20세기의 군사력에 기초한 식민주의나 21세기의 자본을 매개로 한 세계화는 본질적으로 같다고 보기 때문이다. 이런 맥락에서 아나키스트에게 있어 최근에 출현한 동아시아 공동체론은 전 지구적 자본주의에 대항해 민족적, 국가적 경쟁의 장을 거부하며 초국가적 지역 질서를 추구하는 과제와 관련해 주목하지 않을 수 없는 중요한 주제임에 틀림없다.

참고 문헌

딜릭, 아리프, 1998, 『전 지구적 자본주의에 눈뜨기』, 설준규·정남영 옮김, 창작과비평사.
박노자, 2007, 「반란자들의 동아시아를 위하여」, 『우리가 몰랐던 동아시아』, 한겨레출판.
박상수, 2010, 「한국발 '동아시아론'의 인식론 검토」, 『동아시아, 인식지평과 실천 공간』, 아연출판부.
박승우, 2008, 「동아시아 담론의 현황과 문제」, 『동아시아 공동체와 한국의 미래』, 이매진.
백영서, 2009, 「동아시아론과 근대적응-근대 극복의 이중과제」, 『이중과제론』, 창비.

앤더슨, 베네딕트, 2009, 『세 깃발 아래에서: 아나키즘과 반식민주의적 상상력』, 서지원 옮김, 도서출판 길.

임지현, 2011, 「임지현 '대중독재'서 '트랜스내셔널'로」, 『주간한국』 2011. 3. 23.

조세현, 2011, 『동아시아 아나키스트의 국제교류와 연대』, 창비.

황동연, 2005, 「20세기초 동아시아 급진주의와 '아시아'개념」, 『대동문화연구』 50.

황동연, 2009, 「지역시각, 초국가적 관점, '동부아시아' 지역개념과 '동부아시아' 급진주의 역사의 재구성 시론」, 『동방학지』 145.

劉師培, 1907, 「亞洲現勢論」, 『天義』 第11~12合冊, 1907. 11. 30.

柳絮, 1926, 「主張組織東亞無政府主義者大聯盟」, 『民鍾』 第16號, 1926. 12. 15.

Dirlik, Arif, 1991, *Anarchism in the Chinese Revolution*, Berkeley: California University Press.

국가를 어떻게 볼 것인가?

방영준

1. 고전적 아나키스트의 국가관에 대한 소견

"아나키스트들은 반국가주의자이고, 무정부주의자다."라는 인식은 일반인에게 널리 펴져 있다. 이러한 인식은 특히 한자 문화권 나라에서 아나키즘이 '무정부주의'로 번역 사용됨으로써 더욱 견고해졌다. 오늘날에는 학교 교과서에서부터 다양한 일반 출판물에 이르기까지 아나키즘을 무정부주의로 표기하고 있다. 최근에야 일부 출판물에서 아나키즘을 원어 그대로 사용하기 시작하였고, 아나키즘을 연구하는 사람들도 원어 그대로 사용하고 있다.

아나키즘이란 용어에 대한 오해는 아나키즘의 탄생 배경에 이미 잉태되어 있다. 아나키즘이 탄생하던 그 당시에는 아나키(anarchie)라는 용어가 무질서, 혼란과 동의어로 사용되었다. 근대 아나키즘의 창시자의 한 사람으로 역설의 인물이요, 모순의 선동자임을 자부하는 프랑스의 프루동이 『소유란 무엇인가』에서 그의 사상을 표상하는 용어로 아나키를 사용하면서 아나키즘이란 용어가 생겨났다. 프루동은 아나키란 용어를 혼란과 전혀 반대의 뜻으로 채용했다. 그는 혼란을 조성한 책임은 권위적이고 압제적인 통치기구에 있으며, 이러한 기구가 없을 때 자연스러운 질서와 사회의 조화를 이루는 공동체가 회복될 수 있다고 믿었던 것이다.

그러나 그후의 많은 아나키스트는 아나키란 용어의 이중성과 유연성에 불안을 느꼈으며, 또한 아나키즘을 처음 대하는 사람이 부정적인 사상으로 받아들일까 우려하면서 이 용어를 사용하는 것을 주저하였다. 프루동 자신도 그의 생애가 끝날 무렵에는 조심스럽게 자신을 연합주의자(Federalist)라고 불렀고, 그후 상호주의(Mutualism), 코뮌주의(Communism), 자유해방주의(libertarianism) 등 다양한 용어가 사용되기도 하였다. 한국에서는 '자유공동체주의' 또는 '자치공동체주의' 등의 용어가 최근에 많이 사용되고 있다.

아나키즘 정의관의 바탕은 자연론적 사회관이다. 아나키즘은 자연론적 사회관을 바탕으로 하여, 인간을 선천적으로 자유와 사회적 조화 속에서 살 수 있는 모든 성질을 타고났으며 서로 자발적으로 상호 협조하면서 성취해가는 존재로 본다. 아나키스트는 이러한 자연론적 사회관에 의거하여 국가와 통치 기구에 대해 깊은 공포심과 위구심을 나타내고 있다. 이러한 공포심과 위구심은 모든 아나키스트의 문헌 속에서 빠짐없이 등장하고 있다. 그러나 나는 아나키즘의 핵심 사상은 반국가주의 또는 무정부주의에 있지 않다고 생각한다. 아나키즘의 핵심 주제는 '부정의'의 문제이지 국가가 아니라고 본다. 다만 아나키즘은 국가가 막강한 힘과 권력을 가지고 있기 때문에 국가를 부정의한 행위를 할 수 있는 가능성과 위험성이 제일 높은 집단이라고 보고 있을 뿐이다. 고전적 아나키스트들은 국가뿐만 아니라 당시의 압제적 종교 집단을 비롯한 권력 집단에 대하여 똑같은 수준의 비판을 하고 있다.

인류가 국가라는 집단과 함께한 역사 속에서 국가로 인해 얼마나 많은 비극과 고통을 겪어왔는지는 새삼 거론할 필요가 없을 것이다. 국가라는 집단에 의해 개개인의 존엄한 삶이 파괴된 사례는 일일이 열거할 수 없을 정도로 많다. 고전적 아나키스트들이 살았던 시대의 국가들 역시 압제적이고 전제적인 성격을 그대로 지니고 있었다. 당시의 많은 계몽사상가는 결코 국가에 대해 친화적인 태도를 가지고 있지 않았다. 근대 자유주의 사상은 국가에 대한 도전과 밀접한 관계를 가지고 있다. 다만 아나키스트의 국가에 대한 도전은 상대적으로 치열했던 것이다. 나는 아나키즘의 국가관이 매우 소박하고 직관적이라고 생각한다. 반면에 맑시즘은 유물사관에 기초하여 국가 발생의 원인과 소멸을 계급론에 입각하여 분석하고 있다. 아나키즘과 맑시즘의 갈등에 나타난 논쟁의 많은 부분은 국가의 문제와 깊은 관련이 있다.

2. 나에게 국가는 과연 어떤 존재인가?

나는 국가에 대해 유연한 입장을 가지고 있다. 나뿐만 아니라 현대의 많은 아나키스트가 국가에 대해 유연한 입장을 취하고 있다. 즉 정치와 국가에 대하여 공포심과 위구심을 가지면서도 동시에 긍정적인 요소도 무시하지 않는다. 이 점은 프루동도 마찬가지였다. 그는 '정치 연합'을 상정했고 이것은 국가를 전제로 하고 있는 것이다. 그는 국회의원에 출마하기도 하였다. 러시아의 유명한 아나키스트인 크로포트킨은 "아나키즘 사회는 늘 성장하고 있는 욕구에 따라서 끊임없이 진보하고 재조정되는 사회"라고 하였다. 완전히 완성된, 이미 수정할 수 없는 사회가 아니라 잘못이 있으면 언제라도 수정이 가능한 사회라는 것이다. 오늘날의 국가는 19세기의 국가 형태와 많은 점에서 다르다. 많은 아나키스트는 국가가 지니고 있는 강제적 권력의 위험성을 항상 경계하면서, 동시에 진정한 민주적 국가에 대한 희망도 가지고 있다.

오늘날 정치학 분야에서 제일 논쟁이 많고 난해한 부분이 국가론의 문제다. 국가의 기원에서부터, 국가의 구조와 기능에 이르기까지 다양한 논의가 이루어지고 있다. 현대사회의 변화에 따른 국가의 정체성 문제도 매우 복잡하고 난해한 주제이다. 다양한 국가론을 정리하는 것은 전문 학자들에게도 여간 까다로운 일이 아니다. 마치 수시로 변신하는 괴물과 씨름하는 것에 비유할 수 있다. 국가는 우리와 함께 있는 구체적인 현실체이다. 그럼에도 불구하고 국가에 관한 이론을 보면, 가치판단을 배제하고 사실의 체계화와 개념화에 치중한 나머지 현실성과 실천성이 결여된 이론, 즉 이론을 위한 이론으로 보이기도 한다. 나아가 국가론은 이러한 비실천적 추상화의 과정에서 어떤 특수한 계층, 계급의 이익을 대변하고 그들의 권력을 옹호하고 변호하는 이데올로기의 성격마저 띠게 되었다.

나는 국가의 문제가 우리의 일상생활에서 제기되는 실천적인 물음이라고 생각한다. 고대 그리스에서 국가에 관한 정치철학적인 물음이 제기되었을 때, 그것은 특별히 무슨 철학적이고 과학적인 이론을 갖추고자 하는 것이 아니었다. 도덕적인 국가는 무엇이며, 정당한 국가권력은 어떻게 행사되어야 하는가 하는 실천적인 물음이었다. 이러한 물음을 통해 그리스인들은 일상적인 정치생활을 반성하고자 했다.

국가 기원론은 크게 세 범주로 나눌 수 있다. 첫째는 역사적 기원론으로, 국가가 어떤 역사적 과정을 거쳐 성립하였는가에 대한 답을 구하고 국가 발생의 선사적 또는 역사적 원인을 밝혀 인과적 설명을 하려는 것이다. 둘째는 합리적 기원으로, 자연적 존재로서의 인간이 자연적 욕구를 합리적이고 효율적으로 해결하기 위한 수단 또는 방법으로 국가적 삶을 선택했으리라고 추정한다. 셋째는 규범적 기원론이다.

나는 규범적 기원론에 동감하고 있다. 이 이론은 국가의 윤리적, 도덕적 정당화에 대한 논거를 제시하려 한다. 즉 국가가 당위적 선택이 되기 위해서는 그것이 우리의 윤리적, 도덕적 욕구 충족에 기여해야 한다는 것이다. 규범적 기원론은 일찍이 공자, 맹자, 플라톤, 아리스토텔레스 등 동서양을 막론하고 많은 현자에 의해 제기된 이론이다. 국가에 대한 존재론적·윤리적 당위성을 도출하는 문세는 인산은 어떤 손재이기에 국가라는 특정한 삶의 양식을 요청하는가 하는 문제와 직결된다. 인간이 자신의 존재와 삶의 우연성과 허무를 넘어서 가치와 실체성을 지닌 존재로 살고자 한다면 이런 욕구를 윤리적 욕구 또는 존재애적 욕구라 부를 수 있다. 인간은 자연 상태에서 자연적 삶을 극복하고, 가치와 의미를 지닌 삶을 영위하고자 한다는 점에서 윤리적 행위 주체이며 이성적 행위 주체이다. 인간은 인간의 이런 특성을 바탕으로 하여 자신과 타인에게 윤리적 가치와 존재론적 실체성을 부여함으로써 새로운 체계를 구축하고 타인과 윤리적 관계를 정립한다. 여기서 국가가 등장하며, 국가의 존재론적, 윤리적 당위성이 제기된다.

오늘날 신자연법론자들은 국가를 존재론적·윤리적 당위성의 문제로 다루려는 시도를 하고 있다. 이 문제는 공동선과 국가의 목적, 기능의 관계로 연결된다. 공동선은 인간이 자신의 완성을 보다 원만하고 용이하게 이루게 하는 사회생활의 모든 총체로 볼 수 있다. 인간은 사회적인 존재로서 사회 안에서 자기실현과 완성에 도달하기 위해서는 공동선이 필연적으로 요구된다. 바로 이 공동선의 담지자로서의 국가의 성격이 규명되어야 할 것이다. 그래야만 국가를 하나의 도구로 보지 않고 존재론적, 윤리적 당위성의 근거로 파악할 수 있다.

지금까지 많은 학자가 자연적 욕구를 중심으로 국가의 정당성을 인정해왔다. 그러나 나는 자연적 결여에서 나오는 자연적 욕구를 중심으로 해서는 국가의 정당성을 확보할 수 없다고 본다. 인간이 지닌 자연적 요구는 국가가 아닌 다른 방법으로 해결할 수 있는 길이 많다. 나는 국가 구성의 원리는 윤리적 욕구에서 찾아야 한다는 입장이다. 따라서 인간의 윤리적 욕구에서 생성된 국가의 기능이 무엇이며, 이를 실천하기 위한 제도와 구체적 방안이 무엇인가라는 것이 우리가 끊임없이 제기하는 물음이라고 할 수 있다. 나는 아나키즘의 국가에 대한 도전은 국가 자체에 대한 부정이 아니라고 본다. 윤리적 당위성을 상실한 국가에 대한 대항과 채찍이라고 생각한다. 많은 현대 아나키스트는 국가 자체를 부정하는 것이 아니라 국가가 저지르고 있는 각종 부정의에 대해 강한 비판을 하고 있다.

3. 바람직한 국가를 어떻게 만들 것인가

나는 앞에서 국가 구성의 정당성을 규범적 측면에서 찾아야 한다는 입장을 주장하였다. 그러나 국가가 생긴 이래 인간의 윤리적 욕구를 충족시켜준 국가가 얼마나 있었던가? 나는 만리장성을 보면서 그 웅장함에 감탄하기보다 이를 짓기 위해 얼마나 많은 사람과 그 가족이 피해를 보고 희생을 당했을까를 먼저 생각한다. 국가의 권력을 차지하려는 야망가들의 싸움 속에서 얼마나 많은 사람이 불행을 겪었으며, 국가와 국가 간의 싸움에서 얼마나 많은 사람이 죽었을까? 또한 국가의 무자비한 폭력 앞에서 노예처럼 살아온 사람이 얼마나 많을까? 우리 민족의 역사 속에서도 이러한 사례를 쉽게 찾을 수 있다. 가깝게는 일본이라는 국가에 의해 식민지 침탈을 당하였고, 6.25 전쟁이라는 비극적 전쟁을 경험하였다. 이러한 현상은 지금도 지구촌 곳곳에서 일어나고 있다. 잘못된 국가를 만나 불행한 국민의 참상이 매일 지면을 장식하고 있고, 국가 간의 싸움과 분쟁으로 고통 받고 있는 모습이 다반사로 보인다.

내가 바라는 국가의 이상적인 모습은 '민주적인 도덕 공동체로서의 국가'이다. 이러한 국가에서 우리는 '바르고 행복한 사회'를 만들 수 있다. 반대로 우리가 '바르고 행복한 사회'를 만들 때 '민주적인 도덕 공동체로서의 국가'도 형성된다. 그런데 바르고 행복한 사회, 민주적인 도덕 공동체로서의 국가를 인류가 가져본 적이 과연 있는가? 아마도 없을 것이다. 이러한 사회와 국가는 유토피아로 보일 수 있다. 그래서 우리는 포기해야 하는 것인가. 아니다. 삶은 과정이다. 그 과정이 얼마나 진지하고 치열했는가에 따라 그 삶의 가치가 결정된다. 길 없는 길을 가는 수행자처럼 바르고 행복한 사회, 민주적인 도덕 공동체를 향해 여행을 하는 것이다.

바르고 행복한 사회, 민주적 도덕 공동체를 구현하기 위해서는 크게 두 수레바퀴가 함께 굴러가야 한다고 생각한다. 첫 바퀴는 개인윤리적 차원이다. 이것은 개인의 도덕성, 즉 개인 의지와 결단에 바탕을 둔 것이다. 여기서는 개인의 가치관 형성과 그 실천 방향에 관심을 가진다. 여기서 중요한 것이 민주 시민 정신의 함양이다. 국가권력자는 그 구성원에게 다양한 방법으로 국가의 정당성을 강제 주입하고, 구성원의 애국심을 고양시켜 자신들의 야망을 충족시키려 한다. 이를 비판하고, 견제하고, 나아가 국가가 바른 길로 나아갈 수 있도록 행동할 수 있는 자세를 가질 때 국가의 잘못과 폭력을 제거할 수 있을 것이다. 민주 시민 정신은 '깨어 있는 정신'이다. 이 깨어 있는 정신 속에서 부정의에 대한 저항 정신이 나온다. 아나키즘의 기본 정신은 부정의에 대한 치열한 저항 정신이다. 오늘날 제도권 정치에 대한 불신과, 제도권 정치가 대변할 수 없는 새로운 요구와 관심이 집단적인 사회운동의 형태로 다양하게 분출되고 있다. 이것은 세계적인 조류이고 우리도 그 조류에 합류하고 있다. 세계의 많은 아나키스트가 이러한 시민사회 운동에 적극 참여하고 있는 것은 지극히 당연한 현상으로 보인다. 우리나라의 시민운동의 현실은 어떠한가? 시민사회가 미성숙한 채 출발한 한국의 시민운동이 어떻게 진행될지에 대해서 다양한 논의가 있다. 대중성의 확보, 목적의 순수성, 명사 중심의 위로부터의 운동, 자급적인 재정 확보 문제, 전문성 제고에 이르기까지 한국의 시민운동은 많은 문제를 안고 있다. 최근에는 시민운동 단체가 집단 이기주의화, 정치집단화 되어가고 있는 현상도 나타나 안타까움을 주고 있다. 민주 시민 정신, 깨어 있는 정신은 스스로의 가슴에 못을 박는 아픔과 고뇌 속에서 나온다. 또한 이러한 정신에는 인간과 사회를 통섭하여 사유할 수 있는 능력도 함께 요구된다.

두 번째 수레바퀴는 사회윤리적 차원이다. 사회윤리는 개인 행위의 원인이나 사회문제의 원인을 규명하고 해결함에 있어서 일차적 관심을 사회적 원인에 둔다. 또한 사회적 원인의 해결이나 제거를 사회체제, 사회구조, 제도나 정책의 차원에서 추구한다. 즉 개인의 도덕성보다 사회적 도덕성에 관심을 가지고 있는 것이다. 비도덕적 사회구조가 비도덕적 인간을 만들 가능성에 주목하는 것이다. 여기서 사회 이념, 사회구조와 제도, 정책이 도덕적 사회의 비전에 얼마만큼 적합한가 하는 정치, 사회철학적인 과제가 등장한다. 이와 함께 등장하는 것이 '정의'의 문제이다. 존 롤즈(John Rawls)가 "사상 체계에서 진리가 덕목인 것처럼 정의는 사회제도의 핵심 덕목이다. 어떤 이론이 아무리 세련되고 경제적일지라도 진리가 아니면 거부되고 수정되어야 하듯이 아무리 능률적이고 잘 조직된 제도일지라도 부정의한 사회제도는 개혁되거나 폐지되어야 한다."라고 한 것도 정의의 중요성을 강조한 것이다.

정의의 문제는 이데올로기의 문제로 연결된다. 이데올로기는 인간과 세계의 상황에 대한 표상과 앞날에 대한 전망과 이상을 제시하고, 이에 따르는 실천 방안을 논리적으로 체계화한 것이다. 그러나 상황에 따른 표상이 일방적이고 적절하지 못하거나, 앞날에 대한 전망이 잘못되고 이상이 거짓이라거나 실천 방안이 적절치 못할 때 그 이데올로기는 허위가 되고 기만이 된다. 여기에 이데올로기를 인간학적 측면에서 성찰할 필요가 있다. 우리는 이데올로기가 가지고 있는 양가적인 성격을 파악하고, 그 역기능을 극복할 수 있는 능력을 가져야 할 것이다. 또한 인간 삶의 질을 향상시킬 수 있는 이데올로기를 선택하고 창출할 수 자질도 요구된다. 개인이나 집단 구성원이 어떤 하나의 절대화된 이데올로기를 맹목적으로 따르도록 세뇌되거나 조종될 경우, 절대적 자기 도그마에 빠지게 되고, 나아가 파괴적인 과격 행동조차 서슴지 않는 공격성을 지니게 된다. 이러한 경우는 우리 한국 사회에서도 흔히 찾아볼 수 있다. 한국에서의 이데올로기 논의는 사회병리학적이라 할 만큼 우리의 사고 지평을 위축시켜왔고, 그만큼 파행적이었다. 정의는 '열린 사회'와 '열린 마음'에서 함께 찾아가는 것이다.

나는 국가의 역할과 기능을 부정하는 아나키스트가 결코 아니다. 그러나 국가가 가지고 있는 악마성과 야만성을 항상 경계한다. 나는 대한민국을 사랑하고 자랑스럽게 여긴다. 대한민국이 지닌 문제점을 거론한다면 많은 것을 지적할 수 있을 것이다. 그래도 근대의 격랑 속에서 민주화와 경제 발전을 이만큼 이룬 사례는 드물다고 생각한다. 나는 이것이 소수의 정치 권력자의 통치력이나 몇몇 경제인의 능력에서 나온 것이 아니라 우리 모두가 이룩한 결과라고 본다. 나라를 되찾기 위해 우리 선열들은 얼마나 치열했으며, 해방 이후 나라를 바로 세우기 위해 얼마나 많은 투쟁이 있었던가. 경제 발전을 위해 우리 국민은 얼마나 부지런했던가. IMF 경제 위기 때는 너 나 할 것 없이 장롱 속의 금붙이까지 기꺼이 내놓지 않았던가.

국가의 역할과 기능은 사회와 함께 변화되어왔다. 오늘날 국가가 전제적인 국가에서 민주적인 국가로 변화되면서 국가의 역할과 기능에 대한 다양한 논의가 전개되고 있다. 또한 세계화, 다문화 사회에 들어서면서 영토적 개념의 국가의 의미도 변화되고 있다. 이와 함께 정치 공동체 안에서 독점적 지위를 누렸던 국가의 위상은 약화되는 반면, 정치 공동체 안에서 시민사회의 역할이 새로이 관심을 끌고 있다. 한국 사회에서도 그러한 조짐이 이미 나타나고 있다. 그럼에도 불구하고 국가가 미치고 있는 영향력은 막

강하다. 국가가 지니고 있는 힘을 약화시키는 것은 어쩌면 불가능할지도 모른다. 인간은 권력적 존재이고 그 권력이 춤출 수 있는 최고의 마당이 국가이기 때문이라고 생각한다. 문제는 그 국가의 힘이 올바르고 행복한 사회를 만드는 데 사용되도록 만드는 것이다. 그러나 이것은 결코 쉬운 일이 아니다. 권력은 악마성과 폭력성의 유혹에 약하기 때문이다. 여기에 민주적이고 도덕적인 시민정신이 요구된다. 그리고 권력의 악마성과 폭력성에 저항할 수 있는 용기도 필요하다. 아나키즘의 기본 정신은 부정의에 대한 저항이고 분노이다. 아나키즘은 부정의에 대한 저항과 분노 속에서 미래의 희망을 꿈꾼다. 나는 대한민국이 민주적인 도덕 공동체로서의 역할을 하고, 그래서 우리 사회가 바르고 행복한 사회가 되기를 바란다. 이것은 꿈인지도 모른다. 그래서 아나키스트가 철없는 몽상가라는 비판을 받는 것이 당연할지도 모른다. 그래도 길 없는 길을 가는 수행자의 모습은 아름다운 것이 아닌가? 어떤 깨어 있는 정신의 여행일 것이다. 이 글을 마무리하면서 나는 진정 아나키스트의 자격이 있는가 자문해보면 부끄러울 뿐이다. 그러나 행동은 미흡하더라도 언어라도 가지고 있는 것에 위안을 받고 싶다.

참고 문헌

박홍규, 2004, 『아나키즘 이야기』, 이학사.
방영준, 2006, 『저항과 희망』, 이학사.

워드, 콜린, 2004,『아나키즘, 대안의 상상력』, 김전아 옮김, 돌베개.
킹, 로저, 1989,『국가와 현대사회』, 이율필 역, 형설출판사.
Apter, David E., 1971, *Anarchlm Today*, London: Macmillan.

동양 고전과 현대 아나키즘

이덕일

1. 양명학자들의 집단 망명

삼한갑족(三韓甲族) 출신의 우당(友堂) 이회영(李會榮)은 한때 복벽파(復辟派)란 오해를 받았다. 빼앗긴 나라를 되찾고 대한제국 황실을 복원하려는 것 아니냐는 의심이었다. 그러나 그는 보황주의와 180도 다른 아나키즘을 받아들였고 평생 그 신념을 유지했다. 그 이유에 대해 함께 아나키즘 활동을 했던 이정규(李丁奎)는 『우당 이회영 선생 약전(友堂 李會榮 先生 略傳)』에서 이회영이 "자유평등의 천품"을 지니고 있었기 때문이라고 설명했다. 이정규는 이회영이 "약관(弱冠)이 지나면서부터는 선생 스스로 솔선하여 불평등한 봉건적 인습과 계급적 구속을 타파"하려고 노력했다면서 자유평등의 천품이 아나키즘을 수용케 했다고 본 것이다. 물론 천품도 중요하겠지만 이것만으로 삼한갑족 출신의 이회영이 아나키즘을 수용한 이유를 설명하기는 충분하지 않다. 성균관 박사까지 지낸 유학자 신채호(申采浩)가 아나키즘을 수용한 이유를 천품으로만 설명하기 어려운 것과 마찬가지다. 김종진(金宗鎭)이 운남군관학교를 졸업하고 천진(天津) 우거(寓居)에 찾아와 "무정부주의로 전향한 동기"에 대해서 물었을 때 이회영은 "내가 의식적으로 무정부주의자가 되었다거나 또는 전환하였다고 생각할 수는 없다." 면서 이렇게 말했다.

> 다만 한국의 독립을 실현코자 노력하는 나의 생각과 그 방책이 현대의 사상적 견지에서 볼 때, 무정부주의자들이 주장하는 그것과 서로 통하니까 그럴 뿐이지 '각금시이작비(覺今是而昨非)'식으로 본래는 딴 것이었던 내가 새로 그 방향을 바꾸어 무정부주의자가 된 것은 아니다(이을규, 1963: 42).

이회영이 '지금 깨달으니 과거가 잘못되었다.'는 '각금시이작비'의 결과로 아나키즘을 받아들인 것이 아니라고 말한 것에는 중요한 의미가 내포되어 있다. 과거의 사상과 노선이 잘못되었음을 깨닫고 아나키스트로 전향한 것이 아니라 과거의 사상과 노선의 연장선상에서 아나키즘을 수용했다는 고백이기 때문이다. 이 문제를 해명하기 위해서는 이회영이 아나키즘을 수용하기 이전에 어떤 사상을 갖고 있었는지를 밝혀내야 할 것이다. 나는 「우당 이회영의 아나키즘 수용 배경에 관한 연구」라는 논문을 쓴 적이 있다. 이회영이 아나키즘을 수용하게 된 배경을 양명학에서 찾았던

논문이다. 이 글도 마찬가지 견지에서 양명학을 비롯한 동양 고전에 담긴 아나키즘 사상에 대해서 살펴보려 한다.

나는 『아나키스트 이회영과 젊은 그들』과 그 개정판 『이회영과 젊은 그들』을 쓰는 과정에서 대한제국 말기에서 망국 직후까지 독립운동을 위해 국외로 망명한 사대부들의 궤적을 조사해보니 묘한 공통점이 있다는 것을 알게 되었다. 대부분 조선 후기 주류 사상이었던 주자학과는 다르거나 혹은 대립했던 양명학을 받아들였다는 공통점이었다. 이 문제를 이회영과 그의 평생지기 이상설(李相卨)의 경우로 검토해보자. 이정규는 "[이회영] 선생의 친척인 보재(溥齋) 이상설은 이러한 자유·평등의 혁명적인 면에서 선생과 친근하게 되었고 지기(志氣)가 서로 들어맞아 생사를 함께하는 동지가 되었다."라고 말하고 있다. 이상설의 사상을 알게 되면 이회영의 사상도 역추적할 수 있는 사이다. 그러나 이상설은 세상을 떠나면서 "내 몸과 유품 유고는 모두 불태우고 그 재마저 바다에 날린 후에 제사도 지내지 말라."(李完熙, 1984)고 유언했기 때문에 이상설의 사상을 알 수 있는 직접 사료는 찾기 힘들다. 그런데 이회영의 동생 이시영(李始榮)은 이회영과 이상설이 몇몇 친구와 함께 신흥사(新興寺)에서 합숙하면서 공부했다고 전하고 있다. 이관직도 "[이회영] 선생은 이상설과 숙의하여 이상설의 집에 서재(書齋)를 설치하였다. 그리고 여기에 모여 이상설·여준(呂準)·이강연(李康演) 등과 함께 담론하였다."라고 전하고 있는데, 이때는 이른바 신학문을 공부했다. 이때의 신학문은 수학(數學)·영어(英語)·법학(法學) 등이라고 전하는데 이상설은 물론 신학문을 공부하기 전에 유학을 공부했다. 이상설의 유학 사상의 단초를 알 수 있는 글이 유림 출신의 독립운동가 강재(剛齋) 이승희(李承熙)에게 보낸「강재 선생을 전별하면서[奉贐剛齋先生]」이다. 이승희의 부친은 영남 유림의 거두였던 한주(寒洲) 이진상(李震相)인데, 그는 남송(南宋)의 주희(朱熹)나 조선의 퇴계(退溪) 이황(李滉) 같은 주자학자들이 심(心)과 리(理)를 별개로 보는 것과 달리 심이 곧 리라는 심즉리설(心卽理說)을 주장해서 큰 파문을 일으켰다. 심즉리설은 퇴계 이래 조선의 주자학자들이 이단으로 몰았던 양명학의 집대성자 왕양명(王陽明)의 주요 사상 중의 하나였기 때문이었다. 이상설은 이 글에서 "마음은 능히 선(善)을 알 수 있고, 선을 좋아할 수 있고, 선을 행할 수 있습니다. 따라서 마음은 선을 아는 능력이 있으며, 선을 좋아하는 능력이 있으며, 선을 행하는 능력이 있습니다."라고 말했다. 이는 주희의 성즉리설(性卽理說)을 부인하고 왕양명의 심즉리설에 동조한 것이었다. 1896년 약관 27세 때 성균관의 교수 겸 관장에 임명될 정도로 저명한 유학자였던 이상설이 영남 유림의 거두이자 이진상의 아들인 이승희에게 심즉리설에 동조하는 편지를 보낸 것은 사실상 양명학을 지지한다는 의미였다. 조선 양명학은 그 비조인 하곡(霞谷) 정제두(鄭齊斗)가 강화도로 입도(入島)해 양명학의 명맥을 이었기 때문에 강화학파라고도 불리는데 마지막 강화학파로 분류되는 서여(西餘) 민영규(閔泳珪) 선생은『강화학 최후의 광경』에서 "보재[이상설]와 치재[이범세]가 사랑채 뒷방에 몸을 숨기고 왕양명 하며 하곡 등 강화소전(江華所傳)을 읽고 있었다는 이야기는 나도 어디에선가 글로 쓴 적이 있다."라고 적었다. 이상설이 양명학을 공부했다는 것이다. 앞서 인용한 이상설의 「강재 선생을 전별하면서」는 민영규 교수의 이런 글이 사실임을 말해준다. 이상설이 양명학을 받아들였다면 이는 이회영을 비롯한 그의 동지들의 사상과도 깊은 연관을 맺고 있었다고 볼 수 있을 것이다. 이상설은 1906년 만주 용정(龍井)으로 망명하면서 국내의 모든 일은 "오직 [이회영] 선생에게 부탁할 뿐이라는 당부의 말을 여러 차례" 했으며 망명하는 이상설을 성 모퉁이에서 전송한 인물도 이회영이었다. 이런 절대적 동지 관계는 사상적 동일성 위에 인격이 보태져야 가능하다는 점에서 이회영과 이상설은 같은 사상적 배경을 갖고 있었다고 볼 수 있다. 유학자 김창숙(金昌淑)이 이을규, 이정규, 백정기 같은 아나키스트들과 북경의 모아호동(帽兒胡同)의 한인(韓人) 친일파 집을 털었던 사건도 마찬가지 배경에서 이해할 수 있다. 김창숙은 이승희의 제자였다.

일제가 대한제국을 강탈했을 때 만주로 집단 망명한 유학자들의 사상적 배경을 살펴보면 양명학자거나 양명학에 우호적인 사상을 가졌다는 공통점이 있다. 망국 당시 해외로 망명한 양반 사대부들은 전국적으로 분포되어 있었는데, 가장 먼저 망명한 사대부들은 충청도 진천의 홍승헌(洪承憲), 정원하(鄭元夏), 강화도의 이건승(李建昇) 같은 강화학파 사대부들이었다. 그 뒤를 서울의 우당 이회영 일가가 이었다. 경상도 안동의 백하(白下) 김대락(金大洛)·석주(石洲) 이상룡(李相龍) 일가 등도 집단 망명했다. 그 직전 자결한 전라도 구례의 매천(梅泉) 황현(黃玹)도 홍승헌·이건승 등과 깊은 관계가 있던 양명학자란 사실을 감안하면 전국적 단위에서 양명학자들의 집단 망명이 이뤄졌다는 사실을 알 수 있다. 석주 이상룡은 망명 일기인 「서사록(西徙錄)」에서 『왕양명실기(王陽明實記)』를 읽고 그 소감을 적었다.

> 대개 양명학은 비록 퇴계 문도의 배척을 당했으나 그 법문(法門)이 직절하고 간요하여 속된 학자들이 감히 의론할 수 있는 바가 아니다. 또 그[왕양명] 평생의 지절은 빼어나고 정신은 강렬하였다. 본원을 꿰뚫어 보되 아무 거칠 것이 없었으며, 세상의 구제를 자임하였으되 아무 두려움이 없었으니 한대(漢代)와 송대(宋代)를 통틀어 찾는다 해도 그를 대적할 만한 사람을 보기 드물다. 또 그의 독립과 모험의 기개는 더욱 오늘과 같은 시대에 절실하다 할 것이다(李相龍, 2008).

'송대를 통틀어 찾는다 해도 대적할 만한 사람을 찾기 어렵다.'라는 말은 송나라 주희를 염두에 둔 것으로 왕수인(王守仁, 왕양명)을 주희보다 상위의 인물로 평가하는 것이다. 이상룡은 나아가 "우리 중 어떤 사람이 능히 의연하게 자임하여 300년간의 학설의 세속된 무리와 도전하여 결투할 것인가?"라고까지 말하고 있다. 300년간의 학설이란 퇴계 이래의 조선의 주류 사학이 된 성리학을 뜻하는데 이 학설과 '도전하여 결투'하자고까지 말하는 것은 양명학에 깊이 공감하지 않으면 나올 수 없는 말이다. 이처럼 대부분의 망명 사대부들은 양명학자이거나 양명학에 동조적이었다. 그럼 양명학의 어떤 부분이 이들을 망명하게 만들고 일부는 아나키즘을 받아들이게 했는지를 살펴보자.

2. 양명학과 아나키즘

양명학은 양명(陽明) 왕수인(1471~1528)이 명대(明代)에 집대성한 유학의 새 조류이다. 주희가 심과 리를 둘로 나누어 인식한 데 비해 양명학은 상산(象山) 육구연(陸九淵, 1139~1192)의 심즉리설을 계승해 심과 리를 하나로 보았다. 양명학이 조선에 전래된 시기에 대해서는 중종 17년(1512) 이후에 전해졌다고 보는 견해(이능화)와 명종 연간(1546~1567)에 전래되었다고 조금 늦춰보는 견해(이병도)가 있었다. 그런데 최근에는 중종 16년(1521)에 박상(朴祥)과 김세필(金世弼)이 이미 양명의 『전습록(傳習錄)』에 대해 논의했다는 사실을 근거로 중종 16년 이전에 전래되었다는 견해(오종일)가 힘을 얻고 있다.

왕양명은 주희가 심과 리를 둘로 나눈 것에 대해 "주자의 이른바 격물이라는 것은 사물에 나아가[即物] 그 이치[理]를 궁구하는 데 있다. 사물에 나아가 이치를 궁구하는 것은 사사물물(事事物物)마다 그 이른바 일정한 이치[定理]를 구하는 것이다. 이것은 내 마음으로써 사사물물 가운데 이치를 구하는 것이니 심과 리를 둘로 나눈 것이다."(『傳習錄』)라고 비판했다. 심과 리를 어찌 둘로 나눌 수 있느냐는 것이다. 왕양명은 "무릇 사사물물에서 그 이치를 구한다고 하는 것은 그 어버이에게서 효도의 이치를 구하는 것과 같다. 그 어버이에게서 효도의 이치를 구한다면 효도의 이치는 내 마음에 있는가, 그 어버이의 몸에 있는가? 가령 과연 어버이의 몸에 있다고 한다면 어버이가 돌아가신 후에는 내 마음에는 효도의 이치가 없다는 것인가?"라면서 "마음이 곧 리(理)이다. 천하에 마음 밖의 일이 있고 마음 밖의 리가 있겠는가?"라고 말했다. 주희의 격물치지(格物致知)에 맞서 왕양명이 주장하는 지식에 도달하는 방도가 양지(良志)다. 주희의 격물치지는 많은 공부를 통해서 도달할 수 있으므로 사실상 공부에 많은 시간과 물력을 들일 수 있는 사대부만이 도달 가능한 경지로 귀결될 수밖에 없다. 그러나 왕양명은 심의 본체가 천리(天理)이며, 양지란 바로 마음의 본체이자 내적 천리로, 인심에 선천적으로 부여된 지(知)라고 보았다. 양지는 많은 학문 과정을 거쳐야만 도달할 수 있는 경지가 아니라 인간이면 누구나 선천적으로 부여받은 것이라고 본 것이다. 그래서 이 양지는 신분제를 부정하는 논리로 전환될 수 있었다. 양명학이 이황을 비롯한 조선 성리학자들의 격렬한 반발을 산 이유도 그 때문이었다. 왕양명은 "[사람이 본래 갖고 있는] 양지(良知)와 양능(良能)은 우부(愚夫), 우부(愚婦)나 성인(聖人)이나 같다[良知, 良能, 愚夫, 愚婦與聖人同]."(『傳習錄』)고 주장했다. 양지와 양능은 계급적 차별성이 없다는 것이다. 이는 사대부와 일반 백성의 차이는 하늘이 정해준 의리라는 성리학자들의 천경지의(天經之義) 사상을 근본에서 부정하는 것이었다. 바로 이 대목이 조선의 주자학자들이 양명학을 이단으로 몬 주요 이유였다. 성리학은 사대부의 계급적 우월을 절대시하는 이념 체계인 반면 양명학은 이런 차별을 인정하지 않는 사상 체계였다.

양명학의 이런 세계관은 어디에서 나왔을까? 왕양명은 『전습록』에서 천지만물(天地萬物)을 하나로 보고, 모든 사람을 형제나 자식으로 보는 만물일체(萬物一體) 사상을 설파했다.

> 무릇 성인(聖人)의 마음은 천지만물을 일체(一體)로 삼으니 천하 사람에 대해 안과 밖, 가깝고 먼 것이 없고 무릇 혈기 있는 것은 모두 형제나 자식으로 여기어 그들을 안전하게 하고 가르치고 부양하여 만물일체의 생각을 이루고자 한다.

이처럼 양명학은 사대부의 계급적 이익을 절대시하는 성리학과 달리 모든 사람을 형제로 보는 사해동포 사상을 갖고 있었다. 이런 사해동포 사상에서 나오는 것이 바로 대동 사회론(大同社會論)이다. 대동 사회는 당연히 인간의 계급적 구별을 해체시키는 쪽으로 나아가게 된다.

서애(西厓) 류성룡(柳成龍)은 명종 13년(1558) 『양명집(陽明集)』을 발견하고, "당시에는 아직 왕양명의 글이 우리나라에 들어오지 않았다."라고 말했다. 아직 양명학이 들어오지 않았다기보다는 널리 퍼져 있지 않았기 때문에 류성룡이 이때 처음 봤다는 의미일 것이다. 류성룡은 양명학을 이단으로 배척한 이황의 제자였기에 양명학자가 아닌 것처럼 처신했지만 그가 임란 때 추진했던 여러 개혁 정책은 양명학 철학이 아니면 나오기 어려웠던 것이 많다. 천인들의 신분 상승을 가능하게 만들었던 면천법(免賤法), 농지가 많은 전주(田主)에게 보다 많은 세금을 거뒀던 작미법(作米法), 양반과 노비를 같은 부대에 배속시켰던 속오군(束伍軍) 같은 정책들은 류성룡이 양명학의 사회사상을 받아들였기에 가능했던 정책들이었다(류성룡의 양명학과 전시 개혁 정책에 대해서는 이덕일, 2007 참조).

양명학자였던 명나라 이탁오(李卓吾, 1527~1602)가 "사람에는 남자와 여자가 있다고 하면 옳지만 식견에 남자와 여자의 차이가 있다고 하는 것이 어찌 옳겠습니까?"라고 말한 것처럼 양명학은 남녀 차별도 거부했다. 양명학이 그리는 이런 사회 모습을 대동 사회론이라고 할 수 있는데 이는 아나키즘에서 그리는 이상 사회론과 비슷하다. 크로포트킨은 아나키즘에 대해 "인간 사회의 각 단위에 대하여 최대량의 행복을 확보하기 위하여 자유, 평등, 우애를 향하여 나아가는 인류의 걸음을 예지(豫知)하려는 기국(企國)이다."(크로포트킨, 1973[1901])라고 정의했다. 자유, 평등, 우애가 실현되는 대동의 사회를 건설하려고 하는 것이 아나키즘이란 뜻이다. 아나키스트 독립운동가들이 아나키즘 사회를 어떻게 이해했는지를 이회영은 김종진과의 대화에서 전해준다.

> 자유평등의 사회적 원리에 따라서 국가와 민족 간에 민족자결의 원칙이 섰으면 그 원칙 아래서 독립된 민족 자체의 내부에서도 이 자유평등의 원칙이 그대로 실현되어야 할 것이니까 국민 상호 간에도 일체의 불평등, 부자유의 관계가 있어서는 아니 될 것이다(이을규, 1963).

한 나라의 각 개인은 자유롭고 평등해야 하고, 이런 개인들이 모여 조직한 각 국가와 민족도 서로 평등한 관계 위에서 민족자결의 원칙을 지켜나가야 한다는 것이다. 이회영과 김종진은 토론에서 "결론으로서 무정부주의의 궁극의 목적은 대동(大同)의 세계, 즉 하나의 세계를 이상하는 것"이라고 규정지었다. 이회영에 따르면 대동의 세계란 "각 민족 및 공동생활 관계를 가지는 지역적으로 독립된 사회군(社會群[국가군])이 한 자유연합적 세계 연합으로 일원화"되는 사회를 뜻한다. 즉 "각 민족적 단위의 독립된 사회나 지역적인 공동생활권으로 독립된 단위 사회가 완전히 독립된 주권을 가지고 자체 내부의 독자적인 문제나 사건은 독자적으로 해결하고 타와 관계된 것이나 공동적인 것은 연합적인 세계 기구에서 토의 결정"하는 사회를 말하는 것이다.

여기에서 이회영이 아나키즘의 궁극적 목적을 대동 사회라고 표현한 대목이 중요하다. 대동은 서양에서 온 사상이 아니라 동양의 전통 사상이기 때문이다. 조선의 율곡 이이를 비롯해 여러 정치가도 대동 사회에 대해서 역설했다. 동양 전통의 대동 사회는 "자·타의 구별을 넘어선 보편적 인류애"가 넘치는 사회이자 소외된 계급과 계층[矜寡孤獨廢疾者]이 없는 사회를 뜻한다. 제(濟)나라 공양고(公羊高)는 『춘추공양전(春秋公羊傳)』에서 세상을 난세(亂世)·소강(小康)·대동(大同)으로 나누어 해설한 삼세지학(三世之學)을 설파한다. 여기에서 이상 사회는 대동 사회다. 대동 사회는 원래 공자가 『예기(禮記)』 「예운(禮運)」편에서 "대도(大道)가 행해질 때는 천하가 공공의 것이었다[大道之行天下爲公]."라고 말한 것에서 비롯되었다. 이후 대동사상은 동양 사회의 개혁적 정치가들이 공통으로 주창했던 이상 사회의 모습이었다. 『예기』「예운」편은 대동 사회의 모습을 잘 표현하고 있다.

> 대도가 행해질 때는 천하가 공공의 것이었다. 어질고 능력 있는 사람을 발탁해서 신의를 가르치게 하고 화목을 닦게 했다. 그래서 사람들이 자신의 어버이만 어버이로 여기거나 자신의 자식만 자식으로 여기지 않았다. 노인은 편안히 인생을 마칠 수 있었고 젊은이는 자신의 능력을 발휘할 수 있었고, 어린이는 잘 자랄 수 있었다. 과부·고아·홀아비·병자를 다 부양했으며 남자는 직업이 있고 여자는 시집갈 곳이 있었다. 재물이 낭비되는 것은 미워했지만 반드시 자신이 소유하려고 하지는 않았다. 자신이 일하지 않는 것을 미워했지만 반드시 자기만을 위해 일하지는 않았다. 그래서 음모도 생기지 않았고 도둑질도 일어나지 않았고 난리도 일어나지 않았다. 따라서 바깥문을 잠그지도 않았는데 이를 일러 '대동'이라고 한다.

이 대동의 동(同)에 대해 주석은 "동은 화해[和]와 평등[平]과 같다."라고 덧붙이고 있다. 대동 사회는 사회 구성원들이 항산(恒産)에 힘쓰지만 그 결과물을 자기만의 소유라고 주장하지 않으며 사회 구성원 모두가 행복한 삶을 누리는 사회를 뜻한다.

대동 사회의 모습은 아나키즘과 크게 다를 것이 없다. 마찬가지로 양명학도 공자의 대동 사회를 조금 더 이론화했다고 해도 과언이 아니다. 이회영과 신채호를 비롯한 유학자들이 아나키즘을 받아들인 것이 '지금 깨달으니 과거가 잘못되었다.'는 '각금시이작비'식의 사상 전환이 아닌 이유가 여기에 있을 것이다. 이회영이 김종진에게 "무정부주의의 궁극의 목적은 대동의 세계"라고 규정지을 수 있었던 것은 이회영이 대동 사회를 이해하고 있었기 때문이다. 왕양명은 "세상의 모든 사람이 그 양지를 깨닫게 하고 그것으로써 서로 편안하게 해주고 서로 도와주며 사리사욕의 폐단을 제거하고 시기, 질투하는 습성을 일소하여 마침내 '대동(大同)'을 실현"(『傳習錄』)한다고 말했다. 왕양명의 이 말은 크로포트킨의 상호부조론(相互扶助論)과 하등 다를 바가 없다.

이회영이 '약관이 지나면서부터 스스로 솔선하여 불평등한 봉건적 인습과 계급적 구속을 타파'하려 했다는 이정규의 설명은 단순히 이회영의 천품을 말해주는 것이 아니라 이회영이 양명학을 학습한 결과를 뜻하는 것일 수 있다. 단재 신채호가 아나키즘을 받아들인 것도 마찬가지일 것이다.

성리학은 사대부 계급의 우월을 선천의 것으로 규정짓지만 왕양명은 "옛날 사민(四民)은 직업은 달랐지만 도는 같이했으니[異業而同道], 그것은 마음을 다하는 점에서 동일하다. 선비는 마음을 다해 정치를 했고 농부는 먹을 것을 갖추었고, 공인(工人)은 기구를 편리하게 하였으며, 상인은 재화를 유통시켰다."(「節庵方公墓表」)라고 말했다. 직업은 달랐지만 도는 같았다는 말은 신분의 우월을 인정하지 않는 말이었다. 성리학에서 "사대부와 평민의 구별은 국가의 헌장이다[士庶之別, 國之章]."라는 말과 비교해보면 양명학은 사대부의 신분적 우월성을 인정하지 않는 것이었다. 왕양명은 같은 글에서 또, "각자 타고난 자질에 가깝고, 힘쓰면 미칠 수 있는 것을 직업으로 삼아 그 마음을 다하기를 구했다. 이들은 생인지도(生人之道)에 유익함이 있기를 바라는 점에서 하나일 뿐"이라면서 직업이 타고난 신분에 의해서 결정되는 것도 아니라고 보았다. 신분제를 부정한 것이다. 이회영이 아나키즘을 받아들이기 전에 이미 "이서(吏胥)와 노비에 대한 차별적인 언사부터 평등한 경어(敬語)로 개(改)하려 노력하였으며 적서(嫡庶)의 차별을 폐하고 개가·재혼을 장려 단행"했다는 기록도 양명학 학습의 결과일 가능성이 크다. 이는 아나키즘이 서양에서 만들어진 사상이 아니라 동양 고대사회에서 여러 지식인이 이상으로 삼았던 사회사상이 시공을 초월해 서양에서 이론화되면서 아나키즘이란 용어로 정리된 것이라고 볼 수 있다. 서로 다른 시공에서 존재했지만 이상 사회를 구현하려는 그 마음은 같았던 것이다. 이런 견지에서 아나키즘에 대한 동양적 이론의 근거를 찾고 현실화하는 일은 아나키즘의 미래를 위한 새롭고도 중요한 작업이 될 것이다.

참고 문헌

『傳習錄』(『傳習錄』中, 『王文成公全書』)
「節庵方公墓表」『王文成公全書』卷27.
이덕일, 2007, 『설득과 통합의 리더, 유성룡』, 역사의아침.
李相龍, 2008, 「西徙錄」, 안동독립기념관 편, 『石洲遺稿』, 경인문화사.

李完熙, 1984, 「溥齋李相卨先生傳記抄」, 尹炳奭, 『李相卨傳』, 일조각.
이을규, 1963, 『시야 김종진 선생전(是也 金宗鎭 先生傳)』, 한흥인쇄소.
크로포트킨, 1973[1901], 『현대 과학과 아나키즘』, 이을규 역, 창문사.

분단 시대 한국 아나키스트 운동과 자유공동체

이문창

1. 머리말

아나키스트는 지금 한국 사회가 직면하고 있는 정치적, 경제적, 사회적 혼란상을 어떤 관점에서 바라보고 있는가? 한반도의 분단 현실, 동북아시아의 안보 상황을 어떻게 인식하고 있으며, 그에 대한 대안은 무엇이라고 보는가? 그런 것들을 국가주의, 시장 자본주의와는 대립되는 입장에서 바라보고, 자유공동체주의 방식으로 그 해답을 도출해보고 싶다는 것이 이글을 쓰게 된 동기다.

주지하다시피 아나키즘은 인간의 자유평등과 상호부조를 최상의 가치로 삼고 이를 억압하는 정부 등 권력 조직과 일체의 경제적, 사회적 구속을 부정하는 사상이다. 일제강점기 우리의 수많은 선열이 이 사상을 가지고 민족의 생존권 탈환을 위해 피를 뿌렸으며, 특히 각국 동지들과 동아시아의 자유해방을 목적으로 하는 동방무정부주의자연맹을 조직하여 항일 전선에서 신명을 바쳤다. 이와 같은 한국 아나키스트들의 반권력, 반자본주의 투쟁은 해방 후의 혼란기에 들어와서도 멈추지 않고 계속되었다. 그들은 단지 생각이나 말로만 투쟁한 것이 아니라, 일면 반권력 투쟁, 일면 자유 사회 건설의 길을 실천적으로 개척해왔다. 그런 과정에서 도달한 중간 결론이 민중 사회에서 자유공동체의 모형을 실험해보고, 그것을 자유연합 방식으로 전국에 확산시켜보자는 것이었다. 그렇다면 자유공동체는 무엇이며, 자유연합 방식의 사회 설계란 어떠한 것인가?

나는 이 글에서 해방 후 한국 아나키스트들이 실천해온 자유사회운동의 궤적을 간략하게 더듬어보고 그 기초 위에서, 분단 체제로 인해 정치적 부자유, 경제적 불평등의 억눌림 속에서 사는 공동 운명체로서의 남북의 풀뿌리 민중에게 '자유공동체 운동'이 왜 대안이 될 수 있는가를 검토해보았다. 그리고 한반도 통일 문제와 관련해서 그것이 과연 동북아 평화 설계에 가치 있는 기여가 될 수 있는가를 따져보았다.

한마디로 한국 아나키스트들이 최초에 생각한 자유공동체란 한국 민중이 직면한 생존적 위기를 민중 스스로의 자주 협동의 역량으로 타개해가는 데서 새로운 동력을 발견해보자는 것이었다. 그 평화 민중의 공동생활 에너지를 자유평등과 상호부조의 원리에 적용하여 확대 발전시킴으로써 한반도의 위기 극복과 통일은 물론, 동북아시아 전역의 평화 체제 수립에 기여하자는 것이 그들의 야심찬 경륜이었다는 것을 부언해둔다.

2. 분단 시대 한국 아나키스트 운동의 궤적

제2차 세계대전 종전 이후 한반도가 남북으로 분단되었을 때, 한국 아나키스트들은 민족적 자주권 쟁취와 자유평등의 통일 사회 건설을 당면한 사명으로 알고 궐기했다. 그 와중에 북쪽에 소련식 공산주의 이념의 국가사회주의 체제가 등장하고 그에 대응하여 남한에 반공 이념의 미국식 자유민주주의 정권이 들어서게 되니, 아나키스트가 숨 쉴 수 있는 공간은 점점 좁아질 수밖에 없었다. 심지어는 국민의 자유와 인권을 최고의 가치로 보장한다는 남한 사회에서조차 '공산주의로 착각될 수 있는 어떠한 의사표시도 위험시'되는 공포 분위기가 조성되었다. 이렇듯 험난한 시대, 더욱이 6·25전쟁을 헤치고 나오면서도 정치, 사회 양면에 걸친 한국 아나키스트들의 활동은 연면히 지속되었다. 그 경과를 요약하면 다음과 같다.

해방 후 한국 아나키스트의 정치 운동은 1940년대 후반의 독립노농당(대표 유림), 1950년대부터 1970년대까지의 민주사회당(대표 정화암, 이을규) 및 민주통일당(대표 양일동)을 꼽을 수 있다. 자유와 생산수단의 공동소유에 기초한 계급 없는 사회를 열망하는 아나키스트가 사회운동이 아닌 정치 운동을 우선시한 것은 식민지에서 겨우 해방된 민족으로서 자기 주권 정부를 수립하는 과제만큼 급한 일은 없다고 보았기 때문이다. 더욱이 강대국에 의한 남북 분단으로 장차 나라가 이북의 스탈린주의나 이남의 제국주의 매판 자본주의의 수중에 떨어지고 말 것이 분명하므로 우선 아나키스트의 당면 과제는 한반도 전체를 통괄하고 한국 민중 전체가 인정할 수 있는 유일한 자주 정부를 우리 스스로의 힘으로 창출하는 것이었다. 그렇다면 이 당시 아나키스트들이 구상한 정치 형태는 어떠한 것이었는가? 그것은 어디까지나 지방자치 조직에 토대하여 완전한 자유연합의 평등 사회를 건설하기 위한 것으로, 정부란 국민 생활의 생산 소비 관계를 숫자 본위로 조정하는 일종의 조정적 사무 기구로서의 역할만 하며, 철저하게 권력 및 산업의 중앙 집중화를 배제하고 개인과 사회집단의 자유와 자치가 절대적으로 보장되는 그런 체제를 염두에 두었다. 요컨대 이러한 이상과 전략을 가지고 정치 운동에 뛰어든 한국 아나키스트 정당은 대중조직이나 자금줄이 튼튼한 본격적인 정당이라기보다는 소수의 혁명적 이념 집단 내지는 반독재 개혁 투쟁의 상징적 존재였다.

해방 이후 정치 운동이 아닌 사회운동의 측면에서 활동한 아나키스트 그룹으로는 자유사회건설자연맹(자련, 1945)과 그 협동체인 조선농촌자치연맹 및 한국노동자자치연맹, 그리고 그 맥을 이어 활동한 국민문화연구소(민문연, 1947)와 순정 아나키스트 그룹을 지향한 한국자주인연맹(1973) 등을 들 수 있다.

자유사회건설자연맹은 8·15의 광란 정국에서 67명의 아나키스트 동지들이 모여 결성한 단체로, 새나라 건설에 이바지할 가장 적극적이고 구체적인 방안을 사상적으로 연구, 계몽, 선전하는 것이 그 목적이었다. 그들은 "완전한 자유평등의 상호부조적 신조선은 완전한 지방자치체의 자유연합으로 건설된다."는 신념 아래 실천 기관으로 조선농촌자치연맹과 한국노동자자치연맹을 조직해 민중의 자주 의식 고취와 자치 생활 훈련에 임했다. 자련의 맥을 실질적으로 계승하여 민족문화의 정체성을 연구하는 것을 목적으로 출범한 국민문화연구소의 젊은 동지들은 6·25전쟁 이후의 혼란 속에서도 농촌자치연맹의 전통을 끈기 있게 이어갔다.

민문연의 농촌 자유연합 운동은 자유당 독재 정권 타도에 앞장섰던 4·19 청년 학생들이 그 혁명에 대한 열정을 농촌으로 경주하면서부터 시작되었다. 민문연은 4·19 교수단 데모에서 중심 역할을 했던 이정규 등 아나키스트 선배들의 격려를 받으며 자연스럽게 농촌 운동 대학생 단체들의 연락처 겸 훈련 기관 역할을 하고 있었다. 여기에 모인 대학생들은 여름·겨울방학 동안 전국 주요 향촌 자연부락을 순회하며 민중 속으로 파고들어갔으며, 농촌 청소년들을 모아 문고반·문화반 등 학습 조직을 만들게 하고 그들 스스로 공동생활 훈련을 하도록 협력했다. 또 한편으로 학생들은 수시 왕래가 가능한 서울 근교 지역(남양주 진건)의 농촌 청년들과 교류하면서 자주 협동 농촌 운동의 표본 지역 계획을 세우고, 그 기반 위에 농공 균형 발전을 지향하는 수산(授産) 운동과 농촌 공동체 조성 활동을 추진했다. 농촌 수산 운동은 학생들의 부탁으로 프랑스 농촌을 시찰하고 돌아온 불문학자 손우성 교수의 제창에 따라 이루어진 잎종의 경공업 직종 기술 보급 운동으로, 당시 농촌 빈곤층 유휴 인력을 자율 취업 방식으로 소득 증대에 결부시킬 수 있는 다시없는 묘책이었다. 이 계획에 따라 학생 농촌 활동이 단순한 문자 계몽 수준에서 벗어나 구체적으로 수익을 올리고 지역 산업을 일으키는 농촌 공업화 운동으로 발전하였으며, 크로포트킨의 『전원 공장 작업장』을 본뜬 공동체 조직이 아나키스트 선배 동지들의 지도하에 남양주 진건, 양평 용문, 평창, 용유도 등 전국 10여 개 지역에서 대학생들과 지역 주민들의 창의와 열정에 의해 개척되었다.

박정희 유신 정권이 개발독재의 철권을 휘두르던 1970년대 초, 민문연에서 농촌 활동을 하던 청년 학생들을 고무하고 유형무형의 사상적 영향을 준 것은 한국자주인연맹의 노장 아나키스트들이었다. 자주인연맹은 민주사회주의연구회 사무실을 거점으로 아나키즘운동사 편찬 작업을 서두르던 재경 아나키스트들이 중심이 되어 '자주인의 자유연합 사회 건설'을 강령으로 내걸고 1973년 6월 결성한 아나키스트 단체이다. 당시 민문연의 아나키스트 및 청년 학생 회원의 활동은 중앙집권적 획일화를 지향하는 권위주의 정권의 압축 성장 정책과 새마을운동에 정면으로 맞서 농촌 자주화 운동과 도시 소비자의 생활 협동 운동이라는 두 줄기로 전개되었다.

농촌 자주 자위 운동은 1971년 가을 농촌 활동을 하던 학생들이 '농촌 자주화의 문제점'이라는 주제로 평가 보고회를 가진 후 그간 관계를 맺어오던 전국 각 지역의 농촌 지도자들을 초치하여 일대 토론회의 장을 마련한 것이 발단이 되었다. 이 회의에서 농촌 활동가들은 정부가 새마을운동을 강행하려는 데 맞서 순수한 민간의 힘으로 전국농촌운동자협의회(전농운)를 조직하여 행동에 나설 것을 결의했다. 전농운은 "농가 스스로의 생존권을 수호하고, 촌락공동체의 자치 기능을 신장하여 도시와 농촌의 균형 발전"을 도모한다는 결의 아래, 각자 거주 지역의 마을공동체를 중심으로 상호부조의 경제 기반(토지, 양곡 등)을 확충하는 데 주력하는 한편 자주 협동의 전통문화를 발굴하는 데도 힘썼다. 전농운 활동가들은 또한 상호 간의 우수 종자 공유나 유기 농법 도입을 목적으로 농사 정보 교류에 힘쓰면서 마을 단위 공동 출하 조합을 만들어 도시 소비생활 조직을 개척하는 데 주력했다. 민문연에 연락 본부를 둔 전농운은 회원들의 활동 경과를 비교 평가하기 위해 매년 한 번 정기총회를 열었으며, 때로는 정부의 일방적인 농업 농촌 말살 정책에 항의하는 성토대회를 전국 농민 단체와 공동 주최로 열기도 하였다.

한편 이 시기 민문연 활동의 또 다른 한 자락은 도시 주민의 생활 협동 운동으로 나타났다. 생활 협동 운동은 농촌 활동가 출신의 20여 명의 도시 회원들이 농촌 회원들의 공동 출하 조합 활동에 호응하여 실험 소비조합을 구성해 안전 먹을거리의 초보적 공동 구매 활동을 전개한 데서 시작되었다. 이 실험 소비조합을 통해 그들은 매번 농촌과 연락하여 안전 농산물을 직접 공급받는 활동을 하였으며, 한 걸음 더 나아가 강남, 강북 등 시내 각 지역 주거 단지의 주민들에게 홍보하여 5 내지 20세대 단위로 공동 구매 조직(생활반)을 구성하도록 권유했다. 이 소조직을 통해 주부들이 쌀, 계란, 마늘, 고추, 채소 등 믿을 수 있는 먹을거리를 공동으로 주문하고 공동으로 구입하는 길이 열렸을 뿐 아니라, 이웃 간에 막혔던 벽을 허물고 자연스럽게 서로 소통할 수 있는 공동생활의 장이 만들어졌다. 이 실험 소비조합 운동이 후일 '남서울주민

생활협동단지' 또는 동부서울생활협동조합으로 발전하게 되었으며, 일본 생협 운동과도 연대 관계를 맺어 활발한 정보 교류를 했다. 이 시기 이 운동에 관여했던 젊은 활동가들과 아나키스트 동지들 간에 활발하게 논의되던 화두는 '무원칙한 생산 제일주의 경제를 소비자 주권 중심의 사회 생리 체제로 전환시킬 방안이 무엇이냐.' 하는 것이었다. 그들은 그 첩경이 바로 이웃 간의 소그룹 활동을 통해 소외 대중 스스로가 자기 안전을 수호하기 위한 자기 조직화를 함으로써 생활 협동 공동체망을 구축해나가는 일이라고 주장했다.

유신 독재와 신군부독재의 암울하던 시기에 존재했던 이런 활동들을 돌아보면서 무엇보다도 뼈아프게 반성되는 것은 그동안 민문연 활동의 기관차 역할을 해온 청년 학생들이 모두 군홧발에 쫓겨 다니느라고 풍비박산되었다는 점이다. 이 시기 학생들 대부분은 오직 군부 타도, 민주화 투쟁에 사생을 거는 과정에서 꿈과 낭만을 잃은 가여운 신세가 되어버렸으며, 우리 아나키스트들의 능력이 그들을 감싸 안을 만큼 성숙하지 못했다는 것은 참으로 안타까운 일이다.

3. 왜 자유공동체인가

인간소외의 권력이나 자본을 부정하는 사상인 아나키즘은 자유로 시작해서 자유로 끝나는 사상이라 해도 과언이 아니다. "자유는 자연이 인간 각자에게 부여한 모든 힘과 능력과 재능을 충분히 발휘하고 이것들을 상호 간에 활용하도록 하는 생동하는 구체적 가능성"이므로 어떠한 이유로도 자유를 제한하거나 보류해서는 안 되며, 개개인의 자유와 전체의 복지를 따로 떼어놓고 생각할 수 없다. 바로 이런 점에서 행동적 아나키즘의 선구자인 바쿠닌은 일찍이 이웃의 자유가 자기 자신의 자유에 대한 필수 조건임을 강조하여 "자유는 개개인의 그리고 모든 사람의 전체적인 연대성 속에서만 정당하고 완전하다. 고립된 자유란 존재하지 않는다."고 역설했던 것이다. 나아가서 그는 자유의 사회적 성격과 노동의 관계를 강조하여, "인간은 집단적, 즉 사회적 노동에 의해서만 비로소 외적인 자연의 속박으로부터 자기를 해방할 수 있다."고 역설하였다. 또한 바쿠닌은 "사회주의 없는 자유는 특권이자 부정이며, 자유 없는 사회주의는 노예이자 야만이다."라고까지 극언하며 '자유'의 개념 안에 '평등'의 관념을 완벽하게 용해함으로써 인류의 생활 조직에 대한 습성을 자연과의 조화 속에서 발전시켜야 한다고 보았다.

  냉전 시대 한국의 아나키스트들은 남북 분단 체제로 인한 인간 소외와 사회 갈등 현상을 어떻게 해소할 것이냐 하는 문제를 가장 긴급한 시대적 과제로 생각하고, 그 대안으로 고전적 아나키즘 사상의 재확인에 따른 "풀뿌리로부터 출발하여 자유평등의 자유공동체 사회를 건설하자."는 주장을 제창하고 나섰다. 왜 '자유평등의 자유공동체'인가? 분단 체제하의 남북한의 정치적, 경제적 현실과 대조하여, '자유공동체'는 무엇이며, 어떤 점에서 대안이 될 수 있다고 보았는가?

　분단 이래 남북한 정권은 민주주의에 대한 해석을 각기 달리하는 것 이상으로 인간 생활에서의 자유와 평등의 가치를 상반되게 규정해왔다. 즉 자유민주주의를 신봉하는 남한에서는 일반적으로 민주주의의 기본 가치로서 개인 존중과 자유와 평등의 원리가 강조되었던 데 반해, 인민민주주의의 기치 아래 철저한 국가사회주의 체제를 고수했던 북한에서는 처음부터 개인의 존재 자체가 용인될 수 없었다. 북한에서 말하는 자유는 '국가 사회의 통일, 즉 수령·당·대중의 통일 속에서 누리는 자유'라는 개념이며, 평등 또한 국가가 조절하고 통제하는 계획경제하에서의 타율적 평등이다. 그런 가운데 국가가 모든 재화와 이윤을 소유하고, 개인은 직업동맹, 청년동맹, 여성동맹 등 근로단체 중 하나에 반드시 가입해서 공동 노동과 대중 학습 활동에 참여해야 한다. 심지어 인간 생활의 보금자리인 가정까지도 당의 엄중한 감시를 받는다.

　이렇듯 국민을 집단주의 제도에 예속시키는 데서 출발한 북한 정권은 1960년대부터 김일성 유일 영도 체제를 확립하고, 주체사상탑, 개선문, 백두산 밀령 신화 등 일련의 허황된 '사회주의 대가정' 건설 계획을 강행하는 과정에서 국고를 탕진하고 경제 침체에 빠지게 되었다. 탈냉전 시대에 접어들면서 종래의 폐쇄 노선을 고집하던 북한 정권은 국제적 고립에 직면할 수밖에 없었고, 게다가 국내적으로 1995년부터 3년간 수해와 가뭄으로 인해 대기근이 발생하여 경제가 완전히 파탄 지경에 이르렀다. 그런데도 김일성의 사망으로 권좌를 세습한 아들 김정일은 '유훈통치'니 '고난의 행군'이니 하는 슬로건을 내걸고 개혁 개방과는 거리가 먼 과거 회귀적인 정책을 견지했다. 한 걸음 더 나아가, 1998년에 들어서면서 김정일은 헌법을 자신을 국방위원장으로 하는 '선군정치' 체제로 개정한 다음, 3단계 로켓 실험 발사를 감행한 데 이어 북미 제네바 협정으로 중단했던 핵시설 복구를 공언하여 대외 관계를 한층 긴장시키는 쪽으로 몰아갔다. '선군정치'란 "군대는 곧 인민이며 국가이며 당이다."라는 주장이 말하듯 종래의 '병영 사회국가 체제'를 전 국력을 총동원한 본격적인 정규군 국가 체제로 격상시켰음을 의미한다. 이렇게 해서 김정일은 북한이 직면한 내우외환을 2,400만 생령을 볼모로 잡아 정면 돌파하겠다는 배짱을 과시하였다.

자연재해로 인한 대기근에다 인위적인 죽음의 행군까지 강요당하기에 이른 북한 민중은 지금 막다른 골목에서 어떻게든 살아남기 위해 절체절명의 몸부림을 치는 중이다. 이러한 한계상황에서 수많은 남녀가 죽음을 무릅쓰고 국경선을 넘거나 바다로 탈출하여 기약 없는 난민의 행렬에 끼어들고 있다. 그 외에 절대다수의 해골만 남은 생령들은 내 고장 내 삶의 터전만은 지켜야 한다는 비장한 일념하에 배를 움켜쥐고 산으로 들로 풀뿌리를 캐러 다니기에 여념이 없으며, 그들 중 악바리들은 보안 대원들과 온갖 승강이를 벌여가며 장마당을 벌리는 데 목숨을 걸고 있다. 이것이 바로 자기 또는 자기 가족의 생명을 담보해줄 자는 오직 자기뿐이라는 깨달음으로 사생결단의 각오로 나선 북한 민중들의 처절한 자기 조직화 과정이 아닌가.

한편 남한에서는 처음부터 '자유 민주적 기본 질서' 아래 각인의 자유평등에 대한 인권이 헌법 조문으로만 보장되어 있었을 뿐, 그것을 쟁취한 것은 4·19혁명을 거쳐 6월 민중 항쟁에 이르는 '정치 민주화'를 이루어낸 시민의 힘이었다. 하지만 정치 민주화란 단순히 권위주의적 권력의 틀을 제거했다는 것을 의미할 뿐이어서, 그 이후에 일어난 자유방임적 시장 경쟁의 모순을 왜소한 생령들이 어떻게 극복해내느냐 하는 난제에 부딪치게 되었다. 우선 민중이 조우했던 '87체제' 이전과 이후 시기, 즉 군부독재 시대와 민주화 시대를 문제 제기의 차원에서 재조명해보자.

5·16 군사 쿠데타는 4·19혁명으로 깨어나기 시작한 민중의 민주주의 의식이 채 뿌리도 내리기 전에 그것을 산산이 짓이겨놓았다. 박정희 소장을 수령으로 하는 군인들은 쿠데타의 성공으로 국가권력을 한손에 틀어쥐자, 국가재건최고회의를 구성해 군 일색의 군대식 국가를 출범시켰다. 그때부터 박정희 군사정권은 행정의 효율화를 구실로 지방자치제를 없애고 이어 모든 관료 조직을 중앙 권력에 복속시켰으며, 중앙정보부를 창설하여 내외 정보를 물샐틈없이 장악한 채 재건국민운동(후일의 새마을운동)을 통해 국가 행정력을 밑바닥까지 침투시켰다.

이렇게 출발한 개발독재 권력은 수출 주도형 공업화 정책을 추진하는 과정에서 그 과실을 몽땅 일부 소수 특권계층에 몰아주고 독점재벌을 집중 육성하는 데 주력한 나머지 사회를 완전히 양극화시켰으며, 한편으로 중화학공업을 발전시킨다는 미명 아래 전통적인 농업과 경공업의 기반을 깡그리 파괴시켜버렸다. 이로 인해 농촌과 중소 도시가 해체되고 수백만의 민중이 일조일석에 생계 수단을 잃고 거리로 나앉는 신세가 되었으며, 결국 그들은 반실업 상태의 저임금노동자가 되고 말았다. 민중의 피눈물 나는 저임금노동력을 바탕으로 불량 외국자본을 끌어들여 무분별하게 대도시를 팽창시키고 산업을 난립, 집중화시키는 가운데 민중 생활을 점점 더 어려운 구렁텅이로 몰아간 것이 이른바 오늘의 산업화요, 경제 발전이다.

전체 경제의 80%를 수출에 의존하고 있는 한국 경제는 지금 만성적인 글로벌 신용 경색으로 인한 세계적인 경기 침체의 늪에서 헤어나지 못하고 있다. 더욱이 사상 최대의 이익을 냈다고 자랑하는 재벌 기업 옆에서는 중소기업과 자영업이 줄줄이 무너지고 있으며, 치솟는 물가와 늘어나는 부채를 감당할 길 없는 소시민들이 아무 희망 없이 쪽방 살림에서 허우적거리고 있다. 정규직 일자리를 달라고 아우성치는 청년들의 절규가 하늘을 찌르고 있으며, 비싼 등록금을 내려달라고 울부짖는 학생들의 고함소리가 거리를 메우고 있다. 기타 빈민 문제, 노인 문제, 보육 문제 등 서민 경제가 파산 직전인데도, IMF 외환 위기 이후 역대 정부가 한 일이란 상위 1%의 '탐욕'을 위해 99%의 서민을 파탄으로 몰아간 것이 전부이다. 결국 민중의 분노는 약육강식의 경제 시스템과 국민의 부를 독차지하고 있는 1%의 상류층을 정조준하기에 이르렀다.

이상에서 대강 살펴본 대로, 그간 남북 권력 당국의 정책 수행 현장에서 드러난 가장 뼈아픈 공통점은 권력이나 돈의 위력 앞에 인간의 가치가 가랑잎보다 못하다는 점이다. 이 인간 부재, 인간

소외 현상은 남북한에 한한 것이 아니라 거대화, 다량화, 효율화에 매달려 살고 있는 근대 문명권 전체의 불치의 병이라는 점에서, 그것을 문제시하는 것 자체를 난센스라고 보는 것이 오늘의 세태이기도 하다. 하지만 이 근대화가 민중을 노예화하고 착취하는 괴물로 돌변했을 때, 우리는 이 근대화란 과연 무엇을 위한 것이며 누구를 위한 것인가를 되묻지 않을 수 없다. 환언하면 '인간 자유' '인간 존엄'에 대한 도덕적 기반 자체를 무너뜨린 오늘의 정치 경제 양식을 얼마나 더 그대로 두고 보아도 되느냐 하는 문제 제기를 하지 않을 수 없다는 말이다.

오늘의 아나키스트의 문제 제기는 바로 이러한 '인간 자유에 대한 절규'를 기본 출발점으로 해서, 민중 스스로가 자기를 해방하는 전략을 모색하는 데 있다. 그것은 아무리 짓눌리고 아무리 어려움이 닥쳐와도 내 삶, 내 운명을 두 어깨에 걸머지고 헤쳐나갈 자는 필경 민중 자신뿐이기 때문이다. 아무리 절박한 위기에 직면해도 그것을 정면 돌파하여 자력으로 살길을 헤쳐나가야 하는 것이 풀뿌리 생명체의 정칙이며 운명 자결의 원리다. 이 자주 자발적인 원리에 따라 민중 각자가 스스로 앉아 있는 그 자리로부터 들고일어날 때 '덕은 외롭지 않다[德不孤].'는 이웃과의 협동이 이루지기 마련이며, 운명 공동체로서의 연합이 밖을 향해 외연을 확장해나가기 마련이다. 이것이 우리 아나키스트가 말하는 자기 조직화의 자유공동체다. 다시 말하자면 자유공동체는 위에 있는 누구의 지시에 따라 움직이는 것도 아니며, 중앙에 앉아 누구를 호령하는 것도 아니다. 자유공동체 운동은 삶의 현장에서 각자의 필요를 중심으로 자유롭게 합의하고 서로 협력하여 기초적인 생활 안전망, 사회 안전망을 구축하고, 같은 생각에서 생겨난 망과 망끼리가 자유평등의 원리에 따라 밖으로 연대 관계를 확장해나감으로써 우리가 안고 있는 모든 난제를 풀어나가자는 것이다.

4. 자유공동체의 기본 요건

자유공동체는 한마디로 국가주의, 시장 자본주의와 거리를 두고 자유평등, 상호부조의 열린 자치 사회를 지방 분산적으로 실천하려는 집단이라는 데서 일반적인 공동체와는 그 성격을 달리한다. 이러한 사회 개혁 실천을 위해서는 무엇보다도 모든 형태의 강제와 권위를 배제하는 것이 우선적인 전제 조건이다. 모든 형태의 강제와 권위! 그 억눌림 아래서는 자유도 공동체도 존립할 수 없기 때문이다.

자유공동체 운동을 전개하기 위해서는 사회 개혁의 필요성을 절감하며 뜻을 같이하는 동지들의 결속체가 필요하다. 이러한 결속체를 위해서는 부정과 불의를 보고 참지 못하는, 정의감에 불타면서도 공동선에 헌신할 수 있는 열정적인 지식인, 청년, 학생 또는 활동가가 모여야 하며, 그들이 상호 간에 끊임없는 자주 학습과 공동생활 훈련을 통해 보다 깊은 통찰력을 가지고 먼 앞날을 내다보면서 새 사회의 설계를 짜야 한다. 뜻을 함께하는 이러한 인적 결합이 상호 연락망을 구성하여 정보를 교환하며 자유공동체 운동의 선구 역할을 해야 한다. 그들이 민중의 대해 속으로 파고들어 민중과 일체가 되어 개척해나가야 할 사회가 바로 자유공동체다. 그러나 그들은 민중 속의 하나의 구성 분자일 뿐, 지도자도 영웅도 아니다.

자유공동체의 주체는 민중 자신이다. 스스로의 자유를 스스로 쟁취하고 스스로의 운명을 스스로 개척하려는 의지로 뭉친 민중의 결집체가 자유공동체다. 자유공동체는 극소수 특권층에게 매양 속고만 살아온 민중이 이제는 더 이상 자기 운명을 투표용지 한 장에 내맡기고 기다릴 수 없음을 각성함으로써, 그리고 자기를 구해줄 자는 결국 벼랑 끝에 선 자기뿐임을 깨달음으로써 스스로 만들어내는 삶의 안전망이며 사회 안전망이다. 요컨대 자유공동체는 탐욕적인 시장 지상주의자들의 횡포에 분노하는 절대 다수 민중이 바탕이 된 직접행동체이다.

그러나 자유공동체는 어느 한편이나 계급에 치우친 헤게모니를 거부하며, 광범위하게 문호를 열어놓은 상태에서 언제 누구라도 가입과 탈퇴가 자유로운 민주적 결사체를 지향한다. 또한 지연이나 혈연 등 문화적 다양성이 서로 존중되는 가운데 관심점만 같으면 어느 다른 결사체와도 허심탄회하게 대화하고 연대 관계를 넓혀나갈 수 있는 유연성을 갖추고 있다.

자유공동체는 권력 또는 자본을 축으로 한 권위적 사회 통합 방식을 거부하고, 성원 각자의 개별적 생활 필요를 공통분모로 하여 자발적이며 자유의사에 따른 정의의 사회연대를 추구한다. 그런 가운데 공동체는 누구나가 각자의 인간성과 자주적 인격에 바탕을 둔 개성과 창의력을 충분히 발휘할 수 있는 평등의 공간이 되어야 하며, 그러한 기초 위에서 자유 합의에 의한 협력 관계가 이루어질 수 있어야 한다.

5. 민중적 통일 운동과 그 지평선 너머

자유공동체 운동 방식의 통일 전략을 논하기에 앞서 우선 한반도를 둘러싼 평화와 통일에 대한 정세의 심각성부터 살펴보기로 하자. 분단 체제가 굳어진 지 60여 년이 되는 이제, 한반도의 통일 논의는 단순히 남북 간의 체제나 이념적 차원을 넘어서 주변 제국의 이익 구도까지 서로 얽힌 한층 복잡한 양상을 띠고 있다. 물론 그 단초를 제공한 것은 탈냉전으로 고립 상태에 빠진 북한이다. 국제 환경의 변화에다 극심한 경제난 등으로 수세에 몰린 북한은 이를 타개하기 위한 생존 전략의 일환으로 미국과의 평화협정 체결을 촉구하고 나서는 돌출 행동을 감행했다. 북한이 핵 개발 카드를 꺼내들고 미국을 향해 단독 협상에 응할 것을 촉구하자, 부시 행정부는 이를 정면으로 거부하고 북한 정권이야말로 '악의 축'의 히니서 타도의 대상이지 협의의 대상이 아니라고 반격하고 나섰고 사태는 더욱 악화되었다. 그 어중간에 중국이 개입하여 3자회담, 4자회담으로 오락가락하던 논의를 남북한과 미·중·일·러 등 관련 제국이 모두 참여하는 비핵화 6자회담을 성사시켰고, 그 자리는 한반도 문제뿐만 아니라 동북아의 항구적인 평화 안전

문제를 다루는 자리가 되었다.

2003년부터 베이징에서 시작된 6자회담은 횟수를 거듭하는 동안 9·19 공동성명(제4차 회담, 2006)과 2·13 공동합의문(제6차회담)을 발표하는 등 나름의 성과가 없지 않았다. 이 성명과 합의문은 북한에 충분한 보상을 해주고 '핵 불능화 조치'를 취한 다음, "동아시아의 항구적인 평화와 안정을 위한 공동 노력"을 할 것을 약속하는 이정표를 세웠다. 그러나 문제는 6자회담이 진행되는 과정에서 드러난 북한의 불성실한 태도로 인해 사태가 걷잡을 수 없는 방향으로 비화하게 되었다는 것이다. 즉 북한이 회담 어중간에 두 번씩이나 핵실험(2006, 2009) 및 미사일 발사를 감행하여 회담의 순조로운 진행을 방해하자 유엔의 강경 제재 조치가 반복되었고 그 사이에 6자회담 자체가 공중분해의 위기에 놓이게 되었던 것이다. 급기야 천안함·연평도 사태(2010. 3, 11)를 둘러싼 남북한 긴장 국면은 한미일 동맹 대 북중러 동맹을 재연하는 구도로 발전하였고, 더욱이 중국과 미국이 한때 서해상에서 무력시위까지 불사할 정도로 위험수위를 넘나들게 되었다. 이렇듯 미중 관계가 공존에서 대결 국면으로 급선회하면서, 이제는 북핵 문제 해결은 고사하고 그 불똥이 어디로 어떻게 번져나갈지를 걱정해야 할 판이 되어가고 있다. 어쩌다가 60여 년이나 끌어온 한반도의 국지적인 분단 문제가 또다시 그 끝을 알 수 없는 초강대국 미국과 중국의 긴장 관계로 발전하게 되었을까? 그 책임을 누구에게 물어야 하는 것인가?

이제는 그동안 논의되어오던 통일 문제의 판 자체를 뒤엎고 원

점에서부터 다시 시작할 때다. 그러기 위해서는 누구를 위한 통일 이며 통일 운동 추진의 주체는 누구여야 하는가를 깊이 반추해보 아야 하며, 잘못된 것이 있으면 당연히 그것부터 바로잡고 다시 시작해야 한다.

분명히 말하자면 이 땅의 주인이어야 하는 민중은 일제강점기 때는 말할 것도 없고, 해방 후 지금까지도 제대로 주인 대접 한번 받아보지 못했다. 해방 후 미소 두 점령군이 국토를 두 쪽으로 분할하여 세운 남북의 두 대립 권력, 그것은 이미 민중에게 있어 또 다른 상전 집단일 뿐이었던 것이다.

그런 점을 고려할 때 지금도 늦지 않았다. 통일은 당연히 처음부터 이 땅을 지켜온 민중을 위한 것이어야 하고, 따라서 통일을 되찾는 사업 또한 앞으로도 이 강산의 주인 노릇을 해야 할 우리 민중 스스로의 몫이라는 데 대한 깊은 통찰 위에서 출발해야 한다. 왜냐하면 국가주의적 통일 방식이란 그동안 보았던 것처럼 아무리 선의로 해석한다 하더라도 흡수 겸병이 아니면 권력 집단 간의 세력균형을 위한 적대적 의존관계의 유지 이외에 아무것도 아니기 때문이다. 결국 내 운명의 조타수는 바로 나뿐이라는 데 대한 민중의 깊은 자각이 요구되는 소이가 바로 여기에서도 존재한다. 지금이야말로 민중이 민중 자신의 생존권을 위해 이 땅의 주인 자리를 되찾느냐 영원히 노예의 쇠사슬에 묶여 지낼 것이냐의 분기점임을 맹성해야 할 때다.

그렇다면 한국의 아나키스트는 앞으로 자유공동체 운동을 통해 분단 문제·통일 문제를 어떻게 풀어갈 수 있다고 보는가? 궁극적으로 아나키스트에게 있어 통일이란 민중의 '삶의 자유'를 탈환하는 과정 그 자체일 뿐이다. 따라서 민중 스스로가 스스로의 삶의 자유를 쟁취하는 과정으로서의 자유공동체 운동과 통일은 별개의 것이 아니라 하나인 것이며, 자유평등, 상호부조의 평화로운 민중생활을 기층에서부터 시작하여 차곡차곡 자기 조직화해가는 과정이 바로 통일이라는 결론에 도달한다. 이것이 바로 바쿠닌이 즐겨 쓰던 '아래에서 위로 주변에서 중앙으로'의 아나키스트 통일 전략이며, 자유공동체 조직 방식이기도 하다.

자유공동체 통일 방식에서 보다 중요한 요소는 운동의 주체가 되어 견인차 역할을 할 민중의 자발적 에너지가 폭발 단계에 있다는 점이다. 왜냐하면 오늘의 우리 민중은 이미 봉건시대나 일제강점기의 노예 생활에 안주하던 우매한 민중이 아니기 때문이다. 더 이상 후퇴할 곳도 피해 갈 길도 없이 내 운명은 내가 뚫고 나갈 수밖에 없다는 것을 자각한 불사조가 바로 오늘의 우리 민중이기 때문이다. 그런 바탕 위에서 경제 발전을 이룩하고 산업화에 성공했으며, 끈질긴 항쟁을 통해 독재 권력을 무너뜨리고 민주화 혁명을 승리로 이끈 것이 바로 남쪽의 시민들이다. 또한 남쪽 시민들의 이 자기 결정 의지에 고무되었다고나 할까, 당장 누구도 담보해줄 자 없는 내 목숨을 부지하기 위해 국경을 넘어 탈출하는가 하면, 내 가족의 호구 대책부터 세우기 위해 텃밭 가꾸기, 장마당 벌리기에 사생결단의 혈투를 하고 있는 것이 북쪽 민중이 아닌가.

자유공동체·자유연합 운동에 더욱 힘을 실어줄 민중 에너지의 또 다른 원천은 전 세계 170여 개국에 산재해 살고 있는 700여 만명의 재외 동포다. 그들은 일제에 의해 삶의 터전을 빼앗기고 대거 만주로, 연해주로, 일본으로 망명의 유랑 생활을 떠나면서 조국을 등지게 되었고, 분단 시대에도 조국의 사랑 한번 제대로 받아보지 못하고 미국을 비롯한 세계 각지로 빠져나갈 수밖에 없었던 기민(棄民)들이다. 그러나 지금 우리 재외 동포들은 각각 자신들이 떨어진 자리에서 오뚝이처럼 일어나 그 사회의 유용한 성원으로 존재 가치를 인정받는 수준으로까지 성장하였다. 그들이 모국의 통일과 세계화에 관심을 갖고 장차 그 가교 역할을 하는 데 유용한 자원이 되리라는 것은 재언할 필요도 없다.

이렇듯 '삶에 대한 자기 결정권', 즉 운명 자결의 원칙을 깨닫고 솟구쳐 올라오는 풀뿌리 한민족의 평화 에너지가 폭발하는 것은 이제 시간문제다. 이 민중에 의한 자주 협동적 자유공동체의 평화 에너지를 원동력으로 한반도를 중심으로 주변 다문화 시민들 간의 다양한 교류 협력이 중첩되는 날 한반도의 긴장 해소는 물론, 얽히고설킨 동북아시아의 집단적 안보 질서 문제도 비로소 그 타결의 실마리를 풀 수 있을 것이다.

더욱이 지금은 과학기술의 시대요, 정보·교통의 혁명 시대가 아닌가. 세계 구석구석에서 일어난 일을 즉각 알 수 있으며 이웃 나라 드나들기가 이웃집 드나들기처럼 쉬워짐에 따라 국경의 의미가 없어지고 인간을 물리적으로 얽매어온 모든 개념에서 자유로워지는 시대다. 그러니 이제는 통일을 넘어서서 더 넓은 지평을 바라볼 때다. 그것이 돌아가는 길 같지만 더 직접적인 통일의 길이기도 하며 우리가 세계 평화운동의 허브가 되는 길이기도 하다.

그 길을 향해 더 큰 자유 공동의 집을 지어나갈 때다. 동북아 자유 공동의 집, 세계 평화 자유 공동의 집으로 뭉쳐나갈 때다.

자유공동체 운동의 전개 과정에서 마지막으로 고려해야 할 점은 동북아시아 제 지역 주민들의 안전보장에 대한 관심을 어떻게 국내 운동과 연계해서 국제적으로 발전시키느냐 하는 문제다. 이 또한 해당 지역의 평화 민중을 중심으로 자유공동체 운동을 기층부터 시작하는 것이 원칙이며, 무엇보다도 일차적으로 중요한 것은 동북아시아를 전쟁의 화약고 속으로 몰아가고 있는 국가주의, 패권주의의 횡포를 견제하기 위한 대응 태세를 갖추는 일이다. 이러한 국제적 자유공동체 운동의 당면 과제는 항상 불씨를 안고 있는 동북아시아 차원에서의 집단 안전망 구축이지만, 궁극의 목표가 글로벌 차원에서의 세계 평화로 귀결된다는 것은 너무도 당연하다. 다만 그 안보 관리의 기초를 민중 생활과 직결되는 기층 자유공동체에 둔다는 것이 국가 간의 세력균형이 최대의 목적인 유엔 등 국가연합 기구와 본질적으로 다른 점이다.

이러한 평화 민중의 자유공동체를 중심으로 동아시아 집단 안전망을 구축하는 데 필요한 행동 전략으로는 첫째, 1920년대 후반 한, 중, 일, 대만, 필리핀, 베트남, 인도 등 각국 아나키스트들이 중심이 되어 상하이, 톈진, 푸젠 등지에서 전개했던 동방무정부주의자연맹의 경륜을 적극 되살려, 운동자 간의 협력을 강화하고 민중과 더불어 공동생활 훈련을 하는 데 주력하는 것이 긴요하다. 둘째, 안중근의 '동양 평화론' 구상을 여기에 선별적으로 적용해볼 필요가 있다. 즉 역내 각국의 활동자가 중심이 되어 몇 개 소지구

(작은 규모의 농공 교류의 축이 될 수 있는 아름다운 중소 도시)를 공동 선정하여 다양성과 차이를 존중하는 다민족 다문화의 자유공동체 평화 지대를 선포하는 것이다. 이 공동 지대를 중심으로 주기적인 포럼을 여는 데서 시작하여, 풀뿌리 민중 간의 평화로운 생산 생활 능력 향상에 주안점을 둔 제반 공동생활의 협력 체제를 실험해볼 수 있다. 셋째, 인터넷을 통해 170여 개국에 산재해 있는 재외 동포의 에너지를 적극 활용하여 자유공동체 운동을 홍보하고 각 나라에 그 뿌리를 내리게 하는 것이다.

5. 맺음말

총체적으로 보면 자유공동체를 논의함에 있어서 전체적 위기 극복 차원에 비중을 두다 보니 국지적 공동체의 직접적인 생활 이슈를 소홀히 다루었고, 그와 함께 모든 대소 문제를 한데 묶으려다 보니 무리한 점 또한 없지 않았다.

대체로 아나키스트의 자유공동체 논의를 실천으로 옮길 때 직면하는 가장 어려운 문제는 운동 추진의 실체를 어디서 어떻게 발굴하여 재구성하느냐 하는 것이다. 이 점에 있어 우리는 그동안 농촌 활동을 통해 자유공동체 운동의 선구 역할을 해온 국민문화연구소 청년 학생들의 온축을 대단히 귀중하게 생각한다. 그 뒤를 이어 극소수 고참들이 아직도 남아 옛 활동의 맥을 이어가겠다고 고군분투하는 모습이 또한 정겹기조차 하다.

이제 자유공동체 운동의 불씨를 되살려 오늘의 시점에서 실천 가능한 몇 가지 당면 과제를 열거해본다면 다음과 같다.

첫째, 이 글에 실린 내용은 문제 제기 차원의 한낱 제한된 시론에 불과한 만큼, 국가주의, 시장주의로부터 자유로운 독자적인 자유공동체 운동의 개념과 체계를 정립해나가는 것이 요구된다.

둘째, 전국 각 지역 밑바닥에서 소외된 풀뿌리 민중과 연대하여 비정부 차원의 생활 안전망, 사회 안전망을 실험하고 있는 열성적인 활동가 또는 그룹을 발굴하고 소통·연대하는 장이 시급하다. 이를 위해 헌신적인 청년 학생들의 광범위한 참여와 활발한 의견 교환이 요망된다.

셋째, 어느 한 지역을 공동 실험 지구로 지정하여 계획적으로 공동 육성해보는 작업이 필요하다.

넷째, 연구 조사, 교육 훈련, 홍보 및 온 오프 네트워크 활동 등을 팀별로 활성화시켜야 한다.

궁극적으로 자유공동체 논의는 한반도 평화 정착 문제 또는 동북아 집단 안보 문제와 마찬가지로 지금으로서는 하나의 몽상이요 유토피아에 불과하다. 하지만 불가능을 가능하게 하는 것, 있을 수 없는 것을 현실화하는 것이 유토피아라고 할 때, 문제는 오히려 그 염원이 얼마나 절실하고 합리적인 것이냐의 여부에 달렸다고 보아야 한다.

참고 문헌

국민문화연구소 50년사 간행위원회, 1998, 『國民文化硏究所 50年史: 自由共同體運動의 발자취』, (사)국민문화연구소.
선학태, 2008, 『한국민족주의의 뉴패러다임』, 명인문화사.
이문창, 2008, 『해방 공간의 아나키스트』, 이학사.
이정규, 1974, 『우관문존』, 삼화인쇄 출판부.
이종석, 1998, 『분단시대의 통일학』, 한울.
조선무정부주의운동사편찬위원회, 1978, 『한국아나키즘운동사』, 형설출판사.
하기락, 1993, 『자기를 해방하려는 백성들의 의지』, 도서출판 신명.
해외한민족연구소, 2008, 『한반도 제3의 기회』, 화산문화사.

한국의 급진주의적 사회운동과 아나키즘

이창언

1. 들어가며

1987년 이후 한국 사회의 변화 과정을 보면, 민주주의적 자본 지배의 형태가 강화되는 한편 이에 대응하여 민주주의 전선을 급진적으로 재구성하는 다양한 실천이 시도되고 있다. 동시에 현실의 민주주의는 부단히 자본 권력을 포함한 현실의 다양한 권력에 의해 포획·제한되고 있다. 국가권력과 자본 권력은 외재적 권력이 아니라 내재적 권력의 양상을 띠게 되었다(조희연, 2011).

운동적 차원에서 본다면 1980~90년대 운동권을 풍미했던 볼셰비즘과 주체사상에 대한 열광도 약화되었다. 과거 좌익 독재가 반자본주의적 대안을 구체화하지 못하고 반민주주의적·반환경주의적 국가로 타락해버린 현실, 노동운동이 신좌파 운동과 효과적인 정치적 연합을 이루지 못한 상황에서 맞이한 글로벌 신자유주의는 급진주의 운동에 일정한 혼란을 조성한 것도 사실이다. 일부에서는 이러한 흐름을 역사의 종말 또는 급진주의적 기획의 패배로 섣불리 규정짓기도 한다.

해답 부재의 상황, 세계사적인 거대 전환 상황은 당대의 민주주의(운동)에 대한 자기 정립을 요구했다. 특히 급진주의와 민주주의의 재구성, 대안 행동에 대한 논쟁을 촉발시켰다. 진보 진영(학계 포함)에서 새로운 급진주의와 민주주의에 대한 논쟁과 이론화 작업이 없었던 것은 아니나 진보와 민주주의는 자의적이고 속류화를 벗어나지 못하였으며 논쟁 과정에서 진보 진영의 보수성을 드러내기도 하였다(이창언, 2011).

그러나 좌절할 이유는 없다. 위기는 때론 기회로 작용하기 때문이다. 국가사회주의의 붕괴와 절차적 민주주의, 신자유주의적 세계화의 확산은 비(非)국가, 비(非)노동자 계급적 저항성의 문제에 대한 논의를 확산시키는 한편, 과거 급진주의 운동론에서 배제되거나 억압되어온 아나키즘과 같은 논의들도 재성찰되고 재주목될 기회(조희연, 2004)와 응전을 제공하고 있기 때문이다. 아나키즘을 비롯한 비국가적 급진주의는 자유주의와 민주주의의 급진적 전유뿐만 아니라 생태주의와 페미니즘 등 새로운 급진주의와 배제된 자들과의 소통과 연대 전선의 구축으로 재구성되고 있다.

역사적으로 볼 때 급진주의 운동의 역사는 이론적 측면과 실천적 측면 모두에서 부단한 자기 변화와 혁신의 과정이었다. 그러한 과정은 대부분 현실 변화가 강제하는 것으로, 저항으로 쟁취한 현실이 대립물로 전화하고 그 대립물이 새로운 투쟁 과제가 되는 변증법적 과정이라 할 수 있다.

실현 가능한 이상으로서의 급진주의는 변혁적 낙관주의에 기초한다. 미래는 무한한 가능성의 상태, 그리고 끝없이 가능한 자기성취의 상태다. 따라서 이 글은 급진주의가 언제나 되어감(becoming)의 상태에 있다는 입장을 견지하며 급진주의의 과거와 현재를 계승과 혁신의 관점에서 검토하고자 한다. 여기서는 (특히 한국을 중심으로) 역사적으로 존재했던 급진주의와 사회운동을 살펴보면서 과거 급진주의적 사회운동의 딜레마가 무엇인지, 왜 발생했는지, 그 지점을 찾아내고자 한다. 과거 급진주의 운동에 대한 임상 분석을 시도한다는 것은 먼저 변화된 상황과 조건에서 민주주의를 보다 구체화하는 의미를 지닌다. 즉 성찰과 상호부조에 기초한 지속 가능한 사회의 전기를 만들어나갈 수 있는 보다 급진적인 사유의 틀이자 삶의 양식이 무엇인지를 찾는 과정이라 할 수 있다. 여기서는 포스트 자본주의사회에서 삶과 저항을 조직하는 또 다른 형태의 열정을 아나키즘에서 찾아보려고 한다. 이러한 시도는 아나키즘을 문화적 차원이 아닌 민주주의의 급진적 확장의 유용성이라는 차원에서 검토하는 것이다.

이 글은 아나키즘의 급진성을 '일상의 민주주의', '지구적 민주주의'와 '직접민주주의 체제'로의 전환을 위한 상상력의 확장과 실천적 연습이라는 차원에서 설명하고자 한다. 이러한 것은 과거의 급진주의와의 단절이 아닌 급진주의의 존재론과 아나키즘 사이의 지속적 연관성의 차원에서, '쫓겨난 자들'의 급진성과 역동성을 찾는 과정에서 이루어진다. '쫓겨난 자들'은 개인의 실존석

곤경과 사회적 세계의 공동체적 견인력 사이에서 불가피하게 발생하는 역동성, 다시 말해 고독과 연대 사이에 반드시 존재하게 되는 역동성을 예민하게 탐구한다. 이런 갈등은 변증법적으로 통합된다. 실존의 고통과 고독함에 대한 인식하에서 동료애나 동지애가 구축되는 것이다(쉬한, 2003).

2. 급진주의, 급진화, 한국 사회운동

급진주의(radicalism)적 사회운동의 역사는 여러 가지 급진주의 이념과 실천의 역사라고 할 수 있다. 그것은 우애적인 역사가 아니라 경쟁과 적대 관계의 역사이다. 거의 모든 급진주의는 최소한 보수주의와 다른 급진주의라는 두 개의 전선에서 동시에 싸워야만 했다. 맑스주의자와 아나키스트, 집단주의자와 생디칼리스트, 개혁주의자와 혁명주의자, 공산주의자와 생디칼리스트, 트로츠키주의자와 스탈린주의자, 그리고 여러 급진주의자 간의 갈등이 그것이다(라이트, 2003). 급진주의는 새로운 변화를 강렬하게 열망하는 사상 체계이므로 기존의 체제를 지지하기보다는 그것을 철저하게 비판하려는 경향을 보여준다.

급진주의는 시대적 위상과 현실적 이해관계에 따라 좌우되는 위상적(位相的) 내지 상황적(狀況的) 개념이므로 급진주의를 구성하는 내용은 선험적·초역사적으로 이미 구성된 불변의 것이 아니라, 역사적 상황에 따라 자신을 변경시켜온 상대적인 것이다. '급진화(radicalization)'도 급진주의처럼 매우 불명확하게 혼용되어온 개념 중 하나이며 개념 자체에 상당히 자의적인 주관성이 내재해 있다. 일반적으로 급진화는 "당면 사회 현실의 구조적 모순에 대하여 근본적(fundamental) 해결책을 강구하고 총체적인 개혁을 추구하는 경향"으로 정의된다. 하지만 아나키스트 또는 자율주의자에게 '급진화' 내지 급진적 주체성은 "가장 극단적인 탈영토화 상태에서 행동함을 의미하는 것"이며 "지배·국가권력 및 모든 초월적 환상에 작별을 고하는 것, 빈자와 함께 모든 초월적 방벽을 무너뜨리며 공통의 기계들을 구축하는 것이다."(네그리, 2004) 이런 시각에 따르면 1980년 이래 한국의 급진적 사회운동은 분단 체제라는 구조적 한계 속에서 등장한 급진주의라 할 수 있다.

'근대주의(modernism) 없는 근대화' 과정에서 성장한 주변부 지식인들과 학생들이 느낀 극도의 절망감과 지적 빈곤은 국가사회주의를 비정상 국가의 대안으로 수용하는 배경이 됐던 것이다. 특히 분단 체제라는 구조적 조건은 급진적 실천 양식을 국가주의와 민족주의의 일정한 테두리 안에 한정시켰다(이창언, 2009). 1980년대 이후 한국 급진주의의 주류를 형성한 민족-국가 정향적 급진주의(NL과 PD)의 공통점은 총체주의, 즉 어떤 정해진 목표가 있고 그걸 향해 가기만 하면 된다는 '그날이 오면' 식의 사고방식과 여기에 우선순위가 미리 정해져 있음을 전제한다. 과거의 급진주의는 정치·경제적인 접근과 민족이나 계급에 의존하는 패러다임에 전적으로 의존한다. 일상적인 문화와 정치·경제와의 관련성에 대한 고민이 부족하며 진보라는 것을 물질적인 것의 확대 재생산으로 인식한다.

한국의 급진주의적 사회운동의 해석적 틀은 이미 형성되어 있는 이데올로기와 달리 운동 조직과 운동 지식인(movement intellectual)이 창출해나가는 발현적 특성(emergent qualities)을 보여주고 있다. 급진화의 내용과 수준은 지배 블록 수준의 국가 변동과 조직화된 시민사회의 내적 요구와 동학에 연계되고 접합되는 방식에 따라 형성된다. 1980년대 한국 지식인-학생 사회의 급진화, 볼셰비즘과 주체사상으로 대표되는 급진적 사회운동의 확산은 과대 성장한 권위주의 국가의 억압과 폭력이 시민사회를 압도하는 현실과 사회운동이 확산하는 국면에서 이루어졌다. 이런 이유로 1980년 광주 학살의 비극은 비판 이론이나 사회민주주의로의 우회가 아닌 맑스-레닌주의와 주체사상이라는 직로로 향하게 된 것으로 보인다. 이는 한국 사회운동의 급진화가 급진 이론에 대한 충분한 내적 준비와 면밀한 검토에서 출발한 것이 아니며 그 결과 급진 이론에 대한 저열한 이해와 폐쇄적이고 교조적인 수용이 불가피했던 것으로 보인다. 과거의 급진주의는 민족-국가주의에 대한 규범적 이해를 통해 근대화 코드를 공유함으로써 국가권력에 대항한 사회적 동원을 가능하게 하였지만, 서구적 발전론-근대화론을 보편화한 과잉 계급-민족주의로 인해 급진적 대항 담론으로 발전하는 데 실패하였다. 과거 급진주의자들은 저항 과정에서 자신의 주변성과 타자성에 대한 긍정을 필요로 했고, 긍정을 위해서 국가-민족의 존재와 가능성이라는 쟁점을 취했던 것이다(이창언, 2009).

물론 과거 급진주의 중 일부(NL)는 기존의 '사회적 정신'에 근접함으로써 '합의적 동원'의 폭을 넓혔다. 돌이켜보면 NL과 PD(CA)의 경합 과정에서 계급과 당 중심성, 독자적 정치 세력화보다 야당과의 연대를 강조한 통일전선론(NL)이 우위를 점해왔다. 계급 노선과 달리 반제 노선은 현실적인 개량 투쟁 노선과 민주대연합을 기본으로 하는 대중화 전략을 추구함으로써 민주화라는 기본 틀과 크게 충돌하지 않았다(이창언, 2009; 2011; 2012). 그러나 이러한 노선은 과거의 저항 대상과는 질적으로 다른 '민주적 지배' 혹은 '정상적인 지배'의 출현(조희연, 2003)과 함께 급진성을 상실할 수밖에 없었다(이창언, 2009; 2011). 급진운동 명망가의 보수 정치로의 투항과 국가와 민족의 테두리를 넘어서지 못하는 제한적 투쟁이 이를 바로 보여준다 할 수 있다. 사실 민족 정향적 정당운동과 조합주의, 온건 시민운동의 실천은 기존의 권력화된 지배 가치와 대립(또는 초극)했다거나, 기존의 제도화된 실천 방식을 차별적으로 초월했다고 보기 어려우며 '민주화'라는 기본 프레임을 넘어서지 못했다(이창언, 2009; 2010).

3. 한국 사회운동과 아나키즘: 재조명되는 아나키즘과 민주주의의 급진화

평등과 자유의 이름으로 자본주의와 국가사회주의에 대항했던 아나키즘은 맑스로부터 '파문'당하고 '여러 죄명'으로 단죄받은 바 있다. 맑스는 과학적인 계급이론이라는 이름으로 프루동의 이론과 실천을 '프랑스식 경향', '아마추어주의', '이상주의'로 비판한 바 있다(프레포지에, 2003). 특히 볼셰비키 혁명과 유럽 복지국가가 '실천적인 성공 사례'로 현실화한 이후 아나키즘은 사라져버린 이데올로기처럼 보였다. 한국에서도 상황은 이와 다르지 않았다. 그러나 1960년대 이후 아나키즘은 신선한 저항 이념과 운동으로 관심과 흥미의 대상이 되어 다시 등장했고 재조명되기 시작한다. 이러한 배경에는 '근대성', 성장과 발전주의를 내장한 과거의 급진적 사회운동에 대한 반성과 성찰, 새로운 삶의 양식에 관한 관심의 고조가 있다.

먼저 아나키즘은 '신사회운동', '신좌파 운동'과 친밀성을 갖고 있다. 아나키즘은 정치적 요구와 정치적 변동 못지않게 생활양식과 관계의 변동에 강조점을 두고 있다. 제2세대 한국 아나키스트들은 아나키즘의 토대 위에서 신사회운동을 비판적으로 수용(김성국, 2007)하였다. 그러나 한국의 아나키즘은 제도 개혁으로 국가, 시민사회, 경제사회의 상호 균형과 공존을 모색하는 온건 시민운동의 제한적 급진주의에 안주하지 않는다. 그 이유는 그러한 제한적 급진주의는 제도화된 현대사회를 자본주의의 구속에서 벗어나게 하기에는 미흡하기 때문이다.

아나키즘은 '자기 확대적 급진화'를 지향(김성국, 2007)한다. 이는 국가와 시민사회의 대립과 갈등을 강조하면서, 시민사회에 의한 국가의 침투 혹은 해체를 목표로 자유와 자율의 급진적 확장이라는 가치 지향을 명확히 하는 것에서 출발한다. 아나키즘의 급진성은 "질서의 수호나 완성이 아니라 질서의 변형을 통해 자기 존재를 획득하는 배제된 자들의 사회적 상상"으로부터 출발한다. 그것은 민주주의를 제도로 국한, 포획하는 현실 권력의 지배와 위계를 해체하는 것이며, 현실 권력에 의한 삶의 식민화를 거부하고 배제된 자들의 연대와 실천(직접행동)을 일상화하는 것이다.

이처럼 민주주의의 급진화, 지속 가능한 사회라는 목표를 실현하는 수단으로서 아나키즘의 (한국적) 실천과 적용은 대단히 중요하다. 그 이유는 체제의 불완전성과 결함, 비인간성을 구성하는 각종 불평등과 차별이 여전히 존재하기 때문이다. 국가-자본의 식민화 영역의 확대라는 지구화 시대 민주주의의 위기에 대한 아나키즘의 대응은 먼저, 주어진 세계에 쉽게 동화하지 못하는 외부자들(outsiders), 지배적인 가치를 쉽게 받아들이지 못하는 소수자들(minorities), 그리고 그 세계에서 추방되거나 배제된 타자들(the others)과의 연대를 모색하는 것이다. 아나키즘의 연대성은 소수성(지향성)으로부터 출발한다. 그것은 국가·민족주의와 남성 중심의 시각과 '민주화 담론' 등과 같은 주류 중심의 관점으로부터 거리 두기를 시도한다. 아나키즘은 남성 중심적 시각, 가치관, 조직 양식, 문화 등에 의해 여성성이 어떻게 왜곡되고 침묵 되었는지를 해명한다. 나아가 민주화운동 속에서 작동한 젠더, 사회운동이 행한 젠더 정치, 국가권력에 대항하는 상징 정치의 과정에서 국가-민족주의와의 공모를 통해 배제된 여성성에 주목한다(전희경, 2000; 이창언, 2009 재인용). 아나키즘은 일상생활에 정치·사회적 의미를 부여하는 것에 인색하지 않다. 아나키즘은 "혁명, 민족,

민주 등의 추상적인 신화에 가려 주목받지 못하고 소외된 삶의 영역, 하찮지만 견고하고 규칙적으로 반복되고 이어지면서 그 누구도 의심하지 않는 당연하고 무기한적 삶"(임지현, 2011: 23)이 갖는 '정치성'을 강조한다.

아나키즘의 '민주성'은 정부와 국민 간의 관계에 초점을 두는 정치적 민주주의(political democracy)와 조직 내의 민주적 관리를 의미하는 조직 내적 민주성(organizational democracy)을 넘어서는 더욱 확장된 개념의 민주성이다. 기존의 민주성이 국민의 요구를 수렴해 행정에 반영하는 대응성(responsiveness)의 확보 및 책임 행정의 구현을 의미하였다면 아나키즘 차원의 민주성은 관리가 아닌 자율적 참여와 소통을 지향하며 소수성의 보장을 중시한다. 아직은 낯선 만남의 과정이지만 아나키즘은 '하나의 진보-민주주의'가 아닌 '복수의 진보-민주주의' 개념에 대한 시민권 확보를 시도한다. 아나키즘은 '배제된 자'에 적대적인 '포함된 자'와의 대립을 두려워하지 않는다. 아나키즘은 삶의 모든 국면과 연관성을 가지며, 자유, 자기 결정, 개인적 책임, 직접행동, 그리고 자발적 행동의 창조, 상호 보완성 등을 강조하면서, 통찰력과 신축성을 가지고 자신의 삶을 개조하기 위한 실행 가능한 방법을 제공하며, 세계를 개혁할 근본적이고 지속적인 사회 변화를 위해 작용한다.

한편 아나키즘은 '다원성'의 원리를 강조한다. 한국의 아나키스트들은 확장된 가치 지향에 기초하여 기존의 시민운동 단체에 참여하는 것 외에도 소규모의 공동체 운동, 자유 생태 학교의 운영, 상호부조 조직과 협동조합의 설립, 작업장에서의 자주 관리 운동, 각종 문화 운동 등을 독자적으로 시도(김성국, 2007)하고 있다. 이러한 시도들은 신자유주의적 지배력의 틈새와 국가와 시장 '사이·너머의 여백'을 활용하여 식민화된 지역을 '재(re=again+new)지역화'하기 위한 실천으로 이어진다. 지역에서의 자율적 삶의 장이라는 아나키적 이상의 복원과 창조는 자본-임노동이라는 대립 틀을 넘어선 관계의 재구성, 확장된 '관계성', 즉 대상—인간과 인간, 제도와 인간, 인간과 자연, 인간과 시공간—과 맺는 아나키즘의 관계의 깊이와 정도를 보여주는 하나의 예라 할 수 있다.

아나키즘이 국가-자본 권력의 결과들에 반대하는 바탕에는 권위와 복종의 수많은 관념에 도전할 필요가 있다고 보는 자유 지상적 원칙이 깔려 있다. 이런 원칙의 힘은 흔히 비정치적 형식들로, 특히 미학의 영역에서 표현되곤 한다. "내가 장단 맞춰 춤출 수 없는 혁명은 원하지 않는다."는 말은 사회적 제약 및 위계 구조, 강제된 사회적 분업의 심리적 형식들에 대한 거부를 보여주는 한 예이다. 따라서 아나키즘의 투쟁은 다소 무겁고 권위적인, 기존의 조직 중심으로만 주체를 환원하는 운동과는 근본적으로 다르다. 촛불집회, 희망버스, 월스트리트 점거(1%에 맞선 99%의 투쟁, 점거하라)에서 나타난 배제된 자들의 연대에서 이는 잘 드러나고 있다. 아나키스트의 저항과 연대는 원자적 개인을 사회적 개인으로, 수동적 존재를 능동적 존재로, 절망의 늪에 빠진 나약한 존재들을 구조적 악에 대항하는 공감의 존재들로 만들어내는 공통의 힘이라 할 수 있다. 이는 대중의 수평적인 만남과 직접민주주의적인 토론을 통한 대중의 감성적 공감, 그리고 집단적인 지혜가 상승 작용하는 비폭력 직접행동으로서의 아나키즘의 급진적 상상력과 많은 부분 연결되어 있다.

아나키즘은 인간의 자유와 참된 만남의 공동체가 가능하다는 믿음 아래, 경쟁의 원리가 아닌 사회연대와 공공성의 원리가 정착되는 사회, 배제된 자들, 절망하는 자들이 아닌 희망을 품은 자들의 (평등, 생태, 평화, 연대의 정신 위에 건설될) 새로운 공동체의 가능성을 찾는다.

간단히 살펴보았지만 아나키스트 운동은 우리 사회를 구성하는 물리적이고 공간적인 특성과 함께, 지역 정체성과 관련한 문화적 요소와 구성원들 간의 신뢰 구조 및 권력관계 등 비물리적인 사회관계를 재구조화할 가능성을 가지고 있다. 그리고 기존 급진주의 사상 내의 문제들, 즉 사회적이고 문화적인 삶, 그리고 자연환경 등과 관련한 생산관계들의 난점들, 한계들, 여백을 채울 수 있을 것으로 보인다. 아나키즘은 구조적 분석과 근본적 변혁을 기각하지 않았다는 점에서 과거의 급진주의가 견지한 문제의식을 공유하고 있다.

아나키즘은 성장주의와 생산력주의, 소비주의에 기초한 자본주의에 대한 전면적 비판을 기반으로 한 생태주의와, 자본주의의 가장 날카로운 대립자이자 희생자인 노동의 접합을 중요시한다. 그러나 아나키즘은 자연이 곧 인간의 지배 대상이 아니라는 사실을 강조한다는 점에서 과거 급진주의와 차별화된다. 에코아나키즘은 사회에 존재하는 계층화, 계급화와 위계 구조 그리고 이들 사이의 지배-피지배라는 사회적 환경이 환경 위기를 초래했다고 본다. 여기서 자연은 생태계의 법칙에 따라 변화성, 복합성, 상보성, 자발성을 향해 변증법적으로 발전해가는 것으로 간주된다. 그리고 이러한 자연 과정에는 참여와 진화라는 기본 원리가 작용한다. 이러한 기본 원리에서 참여 자치의 공동체와 생태 친화적 도덕 경제의 실천 문제가 나온다(방영준, 2006).

아나키즘은 어떤 급진적 사상보다 '지속 가능성'을 중심적 가치로 설정하고 있다. 아나키스트에게 이 개념은 생태학적 지속 불가능성이라는 불안한 미래에 대응한 개념으로서 생태-경제-사회 전반에 걸쳐 관통되어야 하는 원리로 인식된다. 따라서 이윤의 논리에 맞서 생태적 지속성을 담보하기 위한 반자본주의적 삶의 양식과 행동이 강조된다. 그러나 아나키즘은 변화의 역동성에 대한 높은 반응성, 행위자들의 다양한 이해관계, 합의 형성과 실행, 책임성을 부정하지 않는다. 아나키즘이 대안 없는 급진주의라는 비판은 오해와 악선전에 불과하다. 아나키즘은 권위적 질서를 거부하지만 도시의 의사 결정에서 참여 과정을 중요시한다. 그것은 산출만큼이나 과정에 관한 것이며 지속 가능성 목표를 달성하기 위한 전략적 계획, 시민사회의 이니셔티브(initiative), 국가 정책의 변화, 국제 협력을 위한 공동 행동을 시도한다.

4. 나가며: 과거의 급진성의 성찰적 전유와 새로운 급진성(아나키즘)

아나키즘은 과거 급진주의의 확장적 재구성(재전유)을 통해 우리 시대 사회운동의 새로운 대안으로 자리 잡게 될 것으로 보인다. 아나키즘은 포스트구조주의 논의와 유사하게 과거의 급진주의에 대한 비판과 성찰을 통해 정치 경제적 진보주의, 역사철학적 진보주의가 내장한 신화성, 세속성이 진보의 능동성과 다차원성을 억압해왔던 구좌파의 실천 전략을 넘어서는 담론 지형을 구축한다.

아나키즘은 하나로 환원할 수 없는 다양한 결이 존재한다는 점에서 개방적인 이론이다. 아나키즘은 이미 정해진 단일한 이론적 지향을 쫓는 것이 아니라 새로운 것을 시도하며 합의의 주체를 언제나 열린 채로 승인하는 끊임없는 과정이므로 다양한 급진주의와의 접합이 가능하다. 민주주의와 인민의 양가성, 지배와 저항의 다차원성과 복합성, 수평적 네트워크와 접합(연대)이라는 문제의식은 아나키즘의 문제의식과 맞닿아 있다. 따라서 과거의 급진주의의 긍정적 측면과 아나키즘적 급진성의 접점 형성을 위한 시도는 풍부한 저항 주체 전선(적·녹·보 동맹, 생활세계적 저항 전선)을 만들어내는 데 긍정적으로 작용할 수 있을 것이다.

그러나 이것은 위안이 될 수는 있어도 아나키즘의 가치와 연대의 확산을 보장하는 것은 아니다. 지금까지의 논의가 원론적 정당성 수준에 머물지 않고 확산되기 위해서는 주체화(아나키즘의 한

국화)를 위한 이론적·경험적 수준의 연구와 실천이 심화될 필요가 있다. 아나키즘운동이 사회 전반에 걸쳐 폭넓은 참여를 이끌어내기 위해서는 더 쉽고 구체적인 삶의 언어, 대중적 언어가 구사되어야 한다. 우리 시대 아나키즘은 구조와 개인 사이의 역전된 관계에 탄식하기보다는 새로운 의사소통 기술을 활용한 사회적 혁신의 잠재력을 이해하고 더욱 잘 개발하기 위한 노력을 시도해야 한다. 그것은 다양한 주체, 인식, 수단, 방향, 방법을 연계하고 통합하는 사회적인 역량과 실천을 강화하는 것이다. 지속 가능성, 지속 가능한 사회는 의도치 않은 결과로 얻어질 수는 없다. 지속 가능성은 변화의 역동성에 대한 높은 반응성과 행위자들의 이해관계 다양성에 대한 포용성, 그리고 사회적 합의 형성 및 실행에 대한 효율성과 책임성을 가진 사회적 능력(social capacity)에 달려 있다(Savitch, 1998). 과거 급진주의의 실패는 대안의 부재와 관련이 있다. 하지만 무엇보다도 대안을 관철할 수 있는 사회적인 관계, 신뢰, 실천의 부재에서 기인한다는 점을 간과해서는 안 된다. 우리 사회 아나키즘의 도전은 탈자본주의에 입각하여 과거의 저항성과 새로운 저항성, 제도적·구조적 전략과 문화적 전략, 운동 정치와 제도 정치의 접합을 통한 국가의 민주화, 시장의 사회화를 위한 대안 전략의 모색과 실천으로 이어져야 한다(조희연, 2011; 이창언, 2012).

참고 문헌

김성국, 2007, 『한국의 아나키스트』, 이학사.
네그리, 안토니오, 2004, 『혁명의 시간』, 정남영 옮김, 갈무리.
라이트, 앤소니, 2003, 『사회주의 이론과 실제』, 김유 옮김, 인간과사회.
방영준, 2006, 『저항과 희망, 아나키즘』, 이학사.
쉬한, 손, 2003, 『우리 시대 아나키즘』, 조준상 옮김, 필맥.
이창언, 2009, 『한국학생운동의 급진화에 관한 연구: 1980년대 급진 이념의 형성과 분화를 중심으로』, 고려대학교 사회학과 박사 학위논문.
이창언, 2010, 「민족해방(NL) 노선의 확산과 진보 정치 운동의 지체: 거중연합(居中聯合)과 전민항쟁노선이 낳은 진보 정치의 지체와 왜곡」, 『한국의 진보 정치의 역사와 쟁점』, 한울.
이창언, 2011, 「포스트 민주화 시대, 급진 민주주의의 기획과 민주주의 좌파의 과제」, 『경제와 사회』 제91호(2011년 가을호), 비판사회학회.
이창언, 2012, 「4.11총선 이후 진보정당 정치의 위기와 진보좌파의 과제」, 『진보평론』 제53호.
임지현, 2011, 『이념의 속살』, 삼인.
전희경, 2001, 『사회운동의 가부장성과 여성주의 정체성의 형성』, 연세대학교 대학원 사회학과 석사 학위논문.
조희연, 2004, 「저항 담론의 변화와 분화에 관한 연구」, 『한국의 정치사회적 저항 담론과 민주주의의 동학』, 함께읽는책.
조희연, 2011, 「포스트 민주화 시대의 진보와 민주주의 좌파의 정치학」, 『급진 민주주의 리뷰 데모스: 연대성의 정치학』, 데모스.
프레포지에, 장, 2003, 『아나키즘의 역사』, 이소희 옮김, 이룸.
Savitch, H. V., 1998, "Global Challenge and Institutional Capacity: Or How We Can Refit Local Administration for the Next Century", *Administration & Society*(June).

제 2부

아나키스트 공동체의 탐구

한국 공동체 운동의 경향과 의미

김성균

1. 글을 시작하며

1970~80년대의 민주화운동과 노동운동 중심의 민중운동과 1987년 민주화 이후 시민운동의 과정을 거치면서 새로운 가능성으로서의 지역 자치 운동이 다양한 분화를 거듭하면서 등장하였다. 지역 자치 운동은 수동적이며 방어적인 지키기 운동이 아니라 능동적이며 창조적인 결합을 중심으로 하는 운동이다. 능동적이며 창조적인 결합을 통하여 등장한 지역 자치 운동은 "순환, 자립 그리고 자치"를 핵심으로 전개되고 있다.

우리나라의 주민자치 운동은 도시 빈민 운동으로부터 시작한다. 특히 격동의 1980년대를 보내면서 한국 사회의 해결될 것 같지 않은 사회적 화두는 도시 빈민을 둘러싼 논쟁이었고 이 과정에서 주민자치 운동이 NGO 운동의 한 축을 형성하게 된다. 그리고

1990년에 접어들면서 도시 빈민 운동이 주민자치 운동으로 새롭게 자리매김하면서 자치적 주민 조직을 바탕으로 한 지역과 삶의 문제를 고민하기 시작한다. 그중에 관악구 신림동의 난곡주민회, 상계3·4동 주민모임, 봉천5·9동의 지역발전추진위, 봉천3·6동 주민회준비모임, 금호·행당·하왕 지역 주민기획단, 삼양·정릉 지역 지역발전추진위원회, 도봉2동 모임, 하월곡 4동의 우리마을발전추진위원회, 신림10동 지역사랑모임 등이 대표적인 주민자치 조직이었다. 그리고 도시 빈민 지역에서 주민자치 조직이 한 축을 형성하는 반면에 또 한 축으로 생산자협동조합이 등장하게 된다. 1989년 인천 십정동의 해님여성회 공동부업을 시작으로 1990년 인천 송림1동 두레협업사, 1991년 서울 성북구 하월곡4동 일꾼두레, 1992년 서울 노원구 상계4동 실과바늘, 1993년 서울 관악구 봉천동 나섬건설, 1993년 서울 도봉구 미아1동 솔샘일터, 1995년 서울 성동구 금호동 일대의 논골생산자 협동조합, 1997년 논골신용협동조합 등이 출현하게 된다. 그러나 1990년대 초반에 생긴 생산자 공동체는 1990년대 중반을 넘어가면서 해체되기도 하였다. 한편에서는 지역 빈민 운동이 주민자치 혹은 지역 자치 운동으로 전환되기도 하였다. 정주 체계를 이루면서 마을 자치를 이루는 생태마을, 공동 주거 등이 나타나기 시작하였고, 사회 문화적인 새로운 변혁을 위한 로컬 머니, 생활공동체, 마을 만들기 운동 등이 등장하기 시작하는데, 이는 생태학적 위기 상황에서 생명 문화 운동을 전개하는 과정에서 나타난 현상이라고 할 수 있다. 그중에 특징적인 것으로는 지역공동체 차원에서 의료 복지의 새로운 패러다임을 보여주는 의료생협, 지리산 실상사를 중심으로 마을공동체를 모색하는 인드라망공동체, 대안 교육기관인 간디학교의 배후지로서 생태 마을의 이념으로 출발한 안솔기마을, 도시형 공동체의 형태로 출범한 공동 주거인 안양아카데미테마타운이 있으며, 그 외에도 교육 화폐, 공동육아 등의 지역 자치 운동이 다양한 형태로 등장한다. 2000년대는 생태 위기의 문제를 사회화하는 과정에서 대안 사회의 모델을 지향하는 움직임이 나타나기 시작했으며, '살기 좋은 지역 만들기'라는 형태의 제도적 지원이 마련되기도 하였다. 2000년대의 특징 중의 하나는 생태 산촌 마을 만들기, 생태 마을 컨설팅 회사인 이장, 생태공동체 연구 모임 등이 등장하면서 생태적 사회화를 위한 노력과 함께 지역 자치의 중요성을 강조하는 조직들이 형성되기 시작한 것이다. 그 과정에서 국내에서는 처음으로 물리적·공간적 생태 마을을 조성하여 사회적·문화적 생태 관계를 도모하고자 하는 기획에서 출발한 참여형 생태 마을 '산너울 마을'이 2008년도에 생겨나기도 하였다. 그리고 지역사회 차원에서 환경 마을을 지향하는 주민 주도형 홍성 문당리 환경 마을과 민관 협력형 진안군 마을 만들기 등이 등장하기 시작한다. 이러한 것들은 주민 스스로 기획하고 참여하고 관리하는 '자율과 자치'의 가능성을 보여준 중요한 사례들이다.

그 외에도 지역 자치 운동은 생협 운동, 마을 도서관 만들기, 학교급식 운동, 대안 교육 운동, 놀이터 만들기, 담장 허물기, 공공 미술 운동, 재활용 장터, 하천 살리기, 청소년 문화 공간, 마을 만들기, 지역 정치 및 의정 감시·평가, 문화 자치 학교, 지역신문, 주민자치 운동, 조례 제정 운동 등 다양한 형태로 진행되고 있다.

2. 한국 공동체 운동의 경향

1) 생명 사상의 출현과 민중·생명운동의 결합

　1974년 출간된 윤노빈의 『신생철학』 그리고 1984년 출간된 임효선의 『삶의 정치사상』은 근대 이후 등장한 한국 생명 사상을 이야기하고 있는 저작이다. 이들은 서구식 문명 패러다임이 인간과 자연의 관계를 단절시켰다고 지적하면서 이를 극복하기 위한 대안으로 서로 협조하며 조화로운 삶을 지향하는 자연적 호혜주의를 주장한다. 그후 김지하의 「개벽과 생명 사상」은 생명 사상 운동에 중요한 구심점이 되기도 하였다. 그리고 1960년대와 1970년대에 진행된 근대화는 생명 사상의 가능성을 발아시키는 진원지가 되었다.

　서구 사회 경제모델은 우리 사회가 전통적으로 가지고 있었던 문화와 공동체성을 해체시켰고 민중을 근대화의 그늘에 허덕이는 국가의 노동자로 전락시켰다. 낮은 임금, 긴 노동시간, 잦은 실업이 이들의 삶의 전부였다. 농촌에서 도시로의 이동, 공동체의 해체된 삶 등은 결국에는 생명 사상을 형성하는 정서적 토대가 되었다.

　민중 문화 운동이 1960년대 대학가를 중심으로 전개되기 시작하면서 1970년대에 사회에 뿌리를 내리게 된다. 민중 문화 운동은 사회의 공동체성을 회복하기 위한 사회 저항운동이었다. 민중 문화 운동은 노래와 춤을 매체로 해서 이어졌는데, 이러한 문화적 기반은 지역공동체를 되살리고자 하는 운동, 기획을 통해 생명운동의 정서적 뿌리를 형성하는 중요한 역할을 하게 된다.

농촌에서는 화석연료를 기반으로 한 농업과, 농업 기술을 지배해온 기계론적 농업관에 대한 문제의식과 함께 생명의 근원적 가치에 대한 물음이 일어나기 시작한다. 그 과정에서 유기농업을 기반으로 기존의 농업 문제를 돌파하려는 시도가 있었다. 특히 시민운동 성격의 농업인 모임이라고 할 수 있는 정농회를 중심으로 농촌공동체 운동이 다시 깨어나기 시작했다.

이러한 자생적 현장 운동은 한살림 운동의 모태인 원주캠프의 생활 협동 운동에서 시작된다. 원주캠프는 서울의 기독교 민주화 운동과 더불어 1970년대 민주화운동의 성지라고 불릴 만큼 사회 저항운동이 심했던 곳이었다. 특히 1973년 남한강 유역 대홍수를 계기로 원주캠프가 중심이 되어 시작된 강원도 지역의 농촌 개발 운동은 생산 협동, 신용 협동, 기계를 공동으로 이용하는 이용 협동, 나아가 생활 물자를 공급·구입하는 소비 협동의 협동 운동, 협업 운동 등을 통해 지금의 생활공동체 운동의 효시 역할을 하게 되었다. 이 경험을 바탕으로 경제공동체, 지역공동체, 생활공동체를 표방하는 한살림이 조직되었다. 결국 원주캠프는 생명운동, 그리고 생명 담론을 한국 사회에 구체화시키는 공간이 되었던 것이다.

2) 근대성과 공동체 운동

한국 사회에서 근대성에 대한 해석은 다양하다. 특히 공동체를 논의하는 과정에서 근대성의 의미는 그 시각과 논점에 따라 다르게 제시될 수 있다. 한국의 근대화 과정은 크게 두 가지로 설명된다. 하나는 국가적 의제를 중심으로 한 경제개발5개년계획과 농촌 개발을 의제로 한 새마을운동이다. 경제개발5개년계획과 새마을운동은 "조국 근대화"를 슬로건으로 내걸고 경제성장을 도모한 국가 재건 프로젝트였다. 농업 국가에서 공업 국가로, 경공업에서 중공업으로 사회경제적 패러다임이 재구조화되면서 모든 것이 한 곳에 집중되었다. 공간도 마찬가지로 집중되었다. 자본과 일거리가 집적된 서울을 비롯한 대도시에는 산업예비군들이 몰려들었고 결국에는 서울을 둘러싸고 있는 산과 하천을 중심으로 대규모 무허가촌이 형성되게 된다. 상계동, 중계동, 하계동, 월곡동, 목동, 청계천, 봉천동, 신림동 등에 일용직 노동자들이 거주하는 대규모 거주지가 형성되었다.

이렇게 형성된 지역사회공동체에 공동체의 전망을 새롭게 하는 몇 가지 사건이 일어나게 된다. 도시 빈민을 대상으로 선교 활동을 전개하던 김진홍, 허병섭, 정일우, 제정구 등을 중심으로 지역사회공동체 운동이 진행되고 있었다. 당시 지역사회공동체 운동은 도시에서의 자립 생활을 목표로 했다. 그러나 서울 도심을 관통하는 청계천을 둘러싼 도시 빈민촌이 주거지 정비 계획이라는 명목으로 철거의 위기를 맞게 되면서 빈민들은 또 한 번 삶의 터전이 해체되는 위기에 봉착하게 된다. 이 과정에서 김진홍 목사가 설립한 활빈교회는 국내 최초로 집단 이농을 결정하고 경기도 화성군 이화리에 기독교 신념에 근거한 두레마을이라는 계획 공동체로 자리 잡게 된다. 그리고 양평동, 청계천, 목동, 상계동 등의 무허가 주택에 주거지 정비 계획이 진행되면서 두레마을과는 다른 형태의 일반 지역사회 형태의 지역사회공동체가 지금의 경기도 시흥시 철산동에 자리 잡게 되고, 이 지역사회공동체는 작은자리센터가 중심이 된다. 이 작은자리센터는 지역사회 지원 활동을 할 뿐만 아니라 한국의 도시 빈민 정책에 대한 전반적인 고민을 수용하는 도시빈민연구소 활동의 근원지가 되기도 한다.

그후에도 운동 지원 세력은 금호·행당·하왕 지역의 재개발 지역에 조직된 '금호·행당·하왕 지역 주민기획단'을 지원하면서 지역공동체 운동의 새로운 운동 방향을 모색하게 된다. 주민기획단은 "재개발사업으로 인하여 세입자의 권리가 무시되거나 합리적으로 보장되지 않는 상태에서 강제로 철거되는 사태가 발생하지 않도록 스스로 단결하고, 임시 거주 시설의 설치와 공동 임대주택에 확실하게 입주하게 함으로써 세입자의 인간다운 삶을 도모하는 데 목적"을 두고 있었다. 이러한 도시공동체 운동은 주거권 운동이라는 개념을 낳았고, 이리하여 주민 협동 공동체 실현을 위한 준비와 실험이 반복되었다.

청계천 철거민 중 일부는 지금의 경기도 성남 구시가지에 대규모로 수용된다. 그러나 정부의 무계획적이고 졸속적인 이주 정책에 반발한 주민들의 분노는 결국 광주대단지 사건으로 확산되었다. 당시 이 사건과 함께했던 주민교회의 이해학 목사는 광주대단지 사건을 인간을 무시한 도시계획에 반대한 민중 생존권 운동으로 인식하고 있다. 광주대단지의 공간적 특수성을 같이 고민해온 주민교회는 이 지역사회의 중심이 된다. 그리고 하월곡동에서 도시 빈민 운동을 하던 허병섭 목사는 노동의 의미를 강조하는 지역사회운동을 전개한다.

이 공동체들은 한국 근대성의 산물이라고 할 수 있으며 지금도 한국 사회에서 공동체 운동에 대한 담론을 제시하고 있다. 두레마을은 계획공동체에 기초하여 생태공동체의 전략과 방법을 다양하게 모색하고 있다. 제정구와 정일우를 중심으로 구성된 철산동의 복음자리마을과 한독마을은 자연적인 지역사회공동체를 유지하면서 지역사회 운동과 조직의 중요성을 공동체적 관점에서 꾸준하게 제시해왔으며 주거권 운동이라는 운동의 지원 세력이 되었다. 성남 구시가지의 주민교회는 주민생협을 중심으로 생활공동체 운동을 하고 있으며 대안 교육기관인 창조학교를 모범적으로 운영하고 있다. 지금은 주민교회를 중심으로 '태평동락커뮤니티'라는 도시형 공동 주거 모델을 모색하고 있다. 그리고 허병섭을 중심으로 시작된 밀알공동체는 노동의 의미를 새롭게 해석하고 그 의미를 전달하기 위한 대안 교육에 많은 노력을 기울여왔다.

그 외에도 1990년대 이후 도시지역사회를 중심으로 공동체 운동이 전개되는데, 이는 도시 빈민 지역의 한계를 넘지 못하였다. 1990년도에 인천 송림1동에 박종렬 목사가 운영하던 두레협업사, 1990년경에 서울에서 시작된 마포건설, 1992년 김홍일 신부가 진행한 실과바늘, 1993년 송경용 신부가 진행한 나섬건설, 1993년 정옥순이 진행한 솔샘일터, 1993년 이기우 신부가 주축이 된 명례방 협동조합 등이 도시공동체의 근간을 이루어왔다(김성균, 2002).

3) 지역사회운동

지역사회운동은 주민의 자생적 조직을 통한 지역사회개발 프로그램이라고 할 수 있다. 1984년 남상도 목사가 정남 장성군에 있는 백운교회에 부임해 오면서 한마음공동체가 태동하기 시작한다. 한마음공동체는 백운교회를 중심으로 물값 거부, 적십자회비 거부 운동 등을 정의 운동으로 규정하면 생명 정의를 위한 구체적 운동을 발아시켰으며 자신들이 생산한 물품을 생산, 유통, 소비하는 과정을 통해 공동체의 범위를 광역적으로 확장시켜갔다. 1990년 3월 생산자 협동조합으로 출발한 한마음공동체는 마평리, 덕성리, 평산리, 분향리 일대의 60여 농가가 생산자 공동체를 이루고 광주 지역의 400여 세대가 소비자 공동체를 이루는 성과를 거두기도 하였다.

1993년부터 마을 운동을 본격적으로 시작한 충남 홍성군 홍동면 문당리는 오리 농업을 도입하기 시작하면서 자생적으로 마을 발전을 위한 체계적 방안을 모색하였으며, 주민들 스스로 문당리 100년 계획 프로젝트를 마련하기도 했다. 그 외에도 전남 진안군은 지방정부가 기획하고 주민이 주도하는 방식의 마을 만들기 공동체 사업을 지난 10년 동안 진행하기도 하였다. 그리고 서울 성산1동 일원의 성미산 마을은 협동조합을 기반으로 한 도심형 마을공동체로 1980년대에 386세대들이 모여 시작한 공동육아가 지금의 마을을 만드는 계기가 되었다.

4) 대안 주거

한국의 대안 주거 운동은 안솔기마을, 산너울마을 등에서 이루어진다. 대안 교육기관인 간디학교의 배후지인 안솔기마을은 자연과 사람, 사람과 사람이 조화를 이루어 함께 살아가는 모습 자체가 살아 있는 교육 현장이 되기를 바라는 한국 최초의 계획형 생태 마을이다.

5) 대안 경제

세계화 중심의 질서에 맞선 대안 경제를 위한 방안으로 지역공동체 경제에 대한 구상이 공동체 운동의 한 영역에서 구체화되기 시작한다. 대안 경제를 모색하는 대표적인 공동체 운동은 지역 화폐(Local Exchange trading System)이다. 캐나다 코목스 지방에서 마이클 린턴에 의해 시작된 지역 화폐 운동은 한국에서는 1998년 1월에 미내사클럽에서 시작되어 광주 나누리, 송파 품앗이, 대전 한밭레츠, 그린네트워크 녹색화폐 사랑 등으로 확대되고 있다.

대안 경제 운동의 일환으로 진행되고 있는 지역 화폐 운동은 지역사회를 기반으로 화폐를 운영하며 그 과정에서 이용자 간의 직접적인 대면을 통해 궁극적으로 공동체적 관계를 형성하고 지역 내 순환을 통해 자급자족 시스템을 구축하는 것을 골자로 하고 있다. 최근에는 대안 경제에 대한 논의가 일반 사회에 반영되면서 사회적 자본, 사회적 기업, 커뮤니티 비즈니스, 로컬 머니, 로컬 푸드, 도시농업 등 마을이나 지역사회 단위에서 할 수 있는 경제적 활동을 사회적 경제라는 의미로 해석하고 있다.

6) 성찰적 삶

성찰적 삶을 제시해온 공동체 운동은 이미 오랜 역사를 지니고 있다. 1948년 사회적 약자와 함께 시작한 신앙과 사랑의 공동체 동광원과 귀일원, 1955년 부천 소사에서 생명 나누는 공동체를 시작한 한삶회, 1967년 민중이 중심이 되는 사회에 대한 실천적 고민을 모색했던 함석헌의 씨알농장, 1958년 더불어 사는 평민을 주장한 풀무농업고등기술학교, 1966년 더불어 사는 삶을 제안한 야마기시즘의 실험 등이 궁극적으로는 성찰적 삶에 대한 의미를 다양한 경로와 방식으로 사회적으로 제안왔던 셈이다. 그중에서 특히 민주화운동의 중심에 섰던 이들이 사회운동의 새로운 단계로 시작한 공동체 운동은 토지·노동·삶의 새로운 가치 구상을 의도적인 방식으로 취하려 했다. 1995년 최한실이 주축이 된 푸른누리는 "무소유·무아집·절대 평등·늘 행복한 세상"이라는 공동의 이상을 추구하며 자기 자신이 자연, 우주와 하나임을 깨닫는 것을 수행의 원칙으로 삼았다. 1996년 정어진 목사를 중심으로 시작된 생명누리는 생명을 아끼고 자연과 하나가 되는 생태적 가치관과 생활로서의 생명 존중, 자기 삶을 스스로 꾸려나가는 자주, 삶과 관련된 모든 것을 민주적으로 해결하려는 자치공동체를 추구하였다. 그러나 현재 푸른누리나 생명누리는 그 명맥만 유지하고 있는 상황이다.

1990년 이후 나눔과 실천을 바탕으로 한 공동체 운동이 확산되고 있는데 예수원, 이랑둥지, 다일공동체, 정토수련원, 예수살이 등이 대표적이라고 할 수 있다. 이들은 개인의 수행, 노동 그리고 공동체적 삶의 모습이 생활과 실천의 과정에서 나타나도록 강조하고 있다.

7) 지역 자치

1950년대 이후 등장한 한국의 공동체 운동은 현재 다양한 방식으로 이루어지고 있다. 그중에서도 단순한 폐쇄적 이념 지향성을 넘어 지역사회를 기반으로 지역공동체의 가치를 실천하는 지역 자치 운동이 매우 큰 의미를 지닌다. 최근의 지역공동체 운동은 매우 구체적이며 현실적으로 진행되는 특징이 있다. 가령 참여형 마을 계획을 어떻게 할 것인지, 에너지 자립 문제를 어떻게 해결할 것인지 등에 대한 문제의식이 분명하다는 것을 알 수 있다.

지역공동체 운동의 특성

지역 자치 형태	특성	대표 사례 지역
참여형 마을 계획에 의한 지역공동체	계획 단계부터 완성 단계까지 주민이 참여하여 스스로 기획하고 논의하는 지역 자치의 현장	충남 서천의 산너울 마을
생산자 중심의 자원 순환형 지역공동체	자원 순환형 마을로 일과 지역을 생태적으로 디자인한 지역 자치의 현장	아산과 괴산 지역의 한살림 생산자 공동체 (푸른들마을)
교육의 힘을 바탕으로 한 지역공동체	풀무학교의 교육 이념이 지역에 배태된 지역 자치의 현장	충남 홍성 문당리 환경 마을
협동조합의 가치에 기반한 자립형 지역공동체	생협의 지역 네트워크를 통한 지역 자치의 현장	원주 협동조합운동 네트워크 조직
도시형 마을공동체의 가능성을 보여주는 지역공동체	느슨하고 유연하며 다양한 색깔을 만들어가는 도시 지역 자치의 현장	서울 마포구 성미산 마을공동체
로컬 머니를 중심으로 한 지역공동체	순환 경제 및 자본의 지역화를 통한 대면적 관계에 우선한 지역 자치의 현장	대전 한밭레츠
호혜의 지역공동체	실상사를 중심으로 지역 주민과의 자립적 지역공동체를 만들어가는 지역 자치의 현장	전남 남원시 산내면 실상사 일원의 마을과 인드라망공동체
핵 폐기장을 뛰어 넘어선 에너지 자립의 지역공동체	거대화·진문화·내규모화의 패러다임을 넘어 분권화·다양화·소규모화를 모색하는 과정에서 보여주는 에너지 자립의 지역 자치 현장	전북 부안의 마중물공동체와 시민발전소

국가 복지와 시장 복지 사이에서의 지역공동체	국가 복지와 시장 복지 사이에서 새로운 지역 복지의 모델을 보여주는 지역 자치의 현장	안성 의료생협
생활·마을·경제를 매개로 한 지역공동체	생활협동조합 운동을 중심으로 한 지역 자치의 현장	한살림 지역 조직, 생협 연합회의 연계된 지역
참여민주주의의 실현을 위한 지역공동체	제도권 영역에서의 주민 주권과 참여민주주의를 위해 노력하는 지역 자치의 현장	조례 제정, 주민 소환, 참여 예산제 등

출처: 김성균(2010)

3. 글을 맺으며

1) '자율과 자치'의 현장

앞에서 논의한 바와 같이 공동체의 스펙트럼은 매우 다양하다. 계획공동체를 필두로 느슨하고 유연한 마을 만들기까지, 그리고 단순히 더불어 사는 삶을 고민하는 공동체에서 미래를 고민하는 공동체까지 그 폭은 매우 넓고도 깊다. 특히 제도권에 대한 비판과 비평에 머물렀던 지역 운동을 넘어 일상에서 스스로 기획하고 관리하는 '자율과 자치'가 등장하고 있다는 점은 매우 고무적이다.

2) 생태적 재지역화를 모색하는 지역 자치 운동

지금까지 한국 사회가 보여준 공동체 운동은 대안 사회를 향한 다양한 실험 과정이었다고 해도 과언이 아니다. 이러한 다양한 실험과 노력이 모여 이제는 분명한 아젠다를 전하는 듯하다. 과거 토건 중심의 개발의 대상으로밖에 취급되지 않던 지역의 현실과, 초국적 기업을 앞세운 대자본으로부터 자유롭지 못한 동네 경제의 구조, 그리고 무분별한 화석연료의 남용이 초래한 심각한 환경의 현실 앞에서 이제 자신의 삶의 터를 생태적으로, 지역적으로 바꾸어내는 일이 매우 중요한 문제가 되고 있다.

3) 공동체와 아나키즘의 결합과 새로운 진보적 가능성

아나키즘의 핵심적 키워드는 자연론적 사회관, 자주적인 개인, 공동체 지향, 권위에의 저항이다. 특히 아나키즘은 권위를 거부하고, 정부 및 국가의 폭력 기제에 저항하며 자발적이고 상호 협조적인 사회관계를 형성하는 것을 중시한다. 그리고 그 과정에서 상호부조, 분산화, 직접적인 정치 참여 등이 생활 속에서 실천될 수 있도록 강조한다. 이러한 아나키즘의 기본적인 성향에 비추어 볼 때 한국 사회가 보여주고 있는 공동체 운동의 성향은 다분히 아나키즘적 요소를 내포하고 있다고 볼 수 있다. 특히 전통적인 아나키즘이 중시하는, 자기 스스로 문제를 해결하려고 하는 자주 관리에 큰 의미를 두고 있다. 그리고 그 진행 방식은 진정한 인간주의적 고민에서 출발한다는 점에서 공동체나 공동체 운동이 보여주고 있는 상호 신뢰의 인간성에 기반한 호혜주의와 일맥상통하는 면이 있다. 따라서 현재 한국 사회에서 하루가 다르게 변화하고 있는 공동체와 공동체 운동의 경향들은 새로운 진보적 가능성을 내포하고 있다고 할 수 있다.

참고 문헌

김귀순, 2003, 『세계의 생태 마을을 찾아서』, 누리에.
김성균, 2002, 「한국 공동체의 흐름과 스펙트럼」, 한국지역사회개발학회, 『지역사회개발연구』 제27집 2호.
김성균, 2009a, 『에코뮤니티』, 이매진.
김성균, 2009b, 「생태적 재지역화」, 대화문화아카데미 바람과 물 포럼 내부 연구 자료.
김성균, 2010, 「지역 자치와 공동체」, 『한국시민사회연감』, 시민정보운동센터.
방영준, 2006, 『저항과 희망, 아나키즘』, 이학사.
성미산마을만들기 모임, 2004, 『성미산 생태 마을 만들기』, 녹색연합.
워드, 콜린, 2004, 『아나키즘, 대안의 상상력』, 김정아, 돌베게.
유병용 외, 2001, 『근대화 전략과 새마을운동』, 백산서당.
임경수, 2003, 『퍼머컬쳐디자인』, 이장.
최혁진, 2004, 「협동과 자치의 도시만들기: 원주협동조합운동협의회」, 시민환경정보센터 외, 『한중일 생태공동체 미래찾기』, 제2차 동아시아 환경회의 자료집.
홍성환경농업마을, 2000, 『21세기 문당리 발전 백년계획』.

Lyon, Larry, 1987, *The community in Urban Society*, The Dorsey press.

지역공동체를 살리는 지역 통화

윤용택

1. 들어가는 말

돈은 세속적 신(神)이라는 말이 있다. 그러나 지금은 신마저도 돈 앞에 무릎을 꿇는 시대가 되고 있다. 돈을 위해서라면 모든 것을 다 바칠 수 있는 세상이 된 것이다. 고병권(2006: 17)은 "이성적인 것이 현실적인 것이고, 현실적인 것이 이성적인 것이다."라는 헤겔의 말을 빌려 "화폐적인 것이 현실적인 것이고, 현실적인 것이 화폐적인 것이다."라고 일갈하고 있다. 화폐는 애초에 재화를 편리하게 교환하고 부를 축적하기 위한 수단으로 창안되었다. 그리고 조폐권, 즉 화폐를 발행할 수 있는 권한은 정부의 가장 큰 통치 수단 중의 하나이다. 대체로 한 국가에서 중앙정부는 국내에서 통용되는 화폐의 발행권을 갖고, 전 세계 위에 군림하려는 초강대국은 자국 화폐, 이를테면 미국은 '달러', 유럽연합은 '유로', 중국은 '위안'을 세계 통화의 기준으로 삼으려고 한다.

오늘날 대부분의 국가에서는 중앙은행에서 발행한 국가 통화(national currency)로 재화와 서비스를 거래하고, 경제적 가치판단 기준을 삼는다. 따라서 중앙 권력이 발행한 국가 통화는 지배적 가치에 봉사하는 사람들에게로 집중되는 경향이 있고, 국가의 부를 특정 지역이나 계층에 편중시킬 가능성이 높다. 즉 국가 통화는 수도권에 비해 지방을, 도시에 비해 농촌을 상대적으로 피폐시킬 가능성이 높고, 지배 집단의 가치 체계에 맞지 않는 사람들은 낮은 급료를 받게 될 가능성이 높다. 그리고 사회학자들과 인류학자들은 화폐경제가 침투하기 시작하면, 공동체의 연대와, 경제적 거래가 야기하는 반(反)사회적 위험 사이의 갈등이 어느 곳에서나 일어나 공동체가 해체된다는 보고서를 발표해왔다(고병권, 2006: 172). 따라서 지역공동체가 중앙 권력으로부터 자유로워지기 위해서는 스스로 화폐를 발행하든가 국가 통화 없이 거래하는 통화 시스템을 구축할 필요가 있다.

지역공동체를 살리는 대안으로 대두되는 것 가운데 하나가 지역 통화(local currency) 내지는 지역 화폐이다. 여기서 '지역'이란 이웃이나 도회지나 마을 같은 실질적 구역뿐만 아니라 관심이나 가치관을 공유하는 사람들이 모인 가상의 장소이기도 하다(니시베 마코토, 2006: 24). 그리고 '화폐'는 국가 통화보다 훨씬 넓은 의미를 지니는 것으로 거래와 소통을 위한 매개체를 말한다. 요컨대 '지역 통화'는 지역공동체에서 발행한 화폐를 포함하여, 국가 통화를 사용하지 않고 재화와 서비스를 거래할 수 있는 통화 시스템 전체를 말한다. 따라서 이 글에서는 '지역 화폐'라는 말 대신에 주로 '지역 통화'라는 용어를 쓸 것이다.

지역 통화는 극심한 불경기, 인플레, 양극화 등으로 국가 통화가 제 기능을 발휘하지 못하고 더 이상 지역 경제와 지역공동체를 살릴 수 없다는 위기의식이 싹트면서 도입되었다. 초기의 지역 통화는 1832년 영국의 사회주의자 오웬(R. Owen)이 노동 교환소를 설립하여 노동자들에게 재화와 교환할 수 있는 '노동 증서'를 실험적으로 지급하면서 시작되었고, 1930년을 전후한 세계 대공황 시기에 미국과 유럽 등지에서 지역 통화가 비교적 활발히 시행된 바 있다. 한편 오늘날 지역 통화는 1980년대 초 경제 불황으로 지역 경제가 어려워지면서 시작되었는데, 그 가운데 우리에게 잘 알려진 지역 통화는 캐나다 브리티쉬 컬럼비아의 '레츠(LETS)'와 미국 뉴욕의 이타카시에서 행해지고 있는 '이타카아워즈(Ithaca-hours)' 등이다. 지역 통화는 2002년 현재 전 세계의 4,000여 곳에서 운영되고 있다.

2. 왜 지역 통화인가

중앙은행에서 발행하는 국가 통화로만 재화와 서비스가 거래되는 사회에서는 그것을 벌기 위해 수단과 방법을 가리지 않기 때문에 도덕과 양심이 마비되고 환경과 생태계마저 파괴된다. 일부 사람은 노둑실과 살인을 저지르고, 가난한 사람들은 부유한 사람들을 상대로 자연을 헐값으로 내다 판다. 그리고 농부들은 더 많은 돈을 벌기 위해서 농약과 화학비료를 과도하게 사용하고, 기업과 정부는 자연환경을 보전하기보다는 개발에 치중함으로써 생태계 파괴를 부추긴다.

시장에서 재화와 서비스를 거래하는 경우에는, 교환가치가 있는 재화만 거래되고, 자본에게 이윤을 가져다주는 노동만 선택 대상이 된다. 다시 말해서 사용가치는 있더라도 교환가치가 거의 없는 파치들은 시장 거래에서 배제되고, 살아가는 데는 필요하더라도 자본에게 이윤을 가져다주지 않는 서비스들은 노동시장에서 배제된다. 따라서 우리의 삶의 질을 높이기 위해서는 시장에서 거래되지 못하는 재화와 서비스도 거래해야 한다.

	시장 거래	비시장 거래
재 화	I(상품)	III(파치)
서비스	II(취업)	IV(실업)
통화	국가 통화	
	지역 통화	

지역 통화는 시장에서 거래되는 재화(I)와 서비스(II)뿐만 아니라 그동안 시장에서 배제된 재화(III)와 서비스(IV)도 경제 시스템 안으로 끌어들이자는 것이다. 지역 통화의 가장 큰 취지는 시장 거래에서 배제된 상품성이 없는 재화(III)와 우리의 삶에 필요

하긴 하지만 노동시장에서 배제되는 서비스(IV)도 우리의 경제적 삶 속에서 순환시키는 것이다. 지역 통화를 통해서 상품화되지 못한 재화들도 지역 통화 공동체의 구성원들에게 제공함으로써 자원 낭비를 막고, 노동시장에서 배제된 인력들도 경제활동에 참여시킴으로써 일자리를 창출하여 실업 문제를 해결하자는 것이다.

지역 통화 운동은 국가 통화가 없더라도 (지역 통화를 통해) 재화와 서비스를 교환함으로써 삶을 풍요롭게 하자는 운동이다. 지역 통화의 거래 범위는 1차 산업 생산물에서부터 최신 상품에 이르기까지, 그리고 이른바 3D 업종의 서비스에서부터 첨단 서비스까지 얼마든지 확장 가능하다. 지역 통화는 다양한 형태를 지니지만, 크게 화폐 발행형(지폐 방식), 통장 기입형(계좌 방식), 수표형(어음 방식) 등으로 나눌 수 있다(박상헌, 2004: 29~33; 니시베 마코토, 2006: 94~105).

지역 통화 회원은 누구든지 자신이 필요로 하는 재화나 서비스를 다른 회원들로부터 제공받을 수 있고, 거기서 생겨난 채무는 다음에 자신의 재화나 서비스를 필요로 하는 회원들에게 제공함으로써 변제된다. 이를테면 목수, 치과 의사, 요리사, 농부, 교사 등 다섯 명으로 이뤄진 지역 통화 공동체가 있다고 해보자. 이 경우에 만일 목수가 요리사에게 집수리를 해주었다면 이때 요리사는 집수리에 대한 채무를 지지만 목수에게 직접 그 등가물을 건넬 필요가 없다. 대신 요리사는 교사의 요구에 응하여 요리를 해줌으로써 그 채무를 변제할 수 있다. 그리고 이번에는 교사가 치과 의사의 요구에 응하여 아이를 교육시킴으로써 자기의 채무를 갚으려고 할

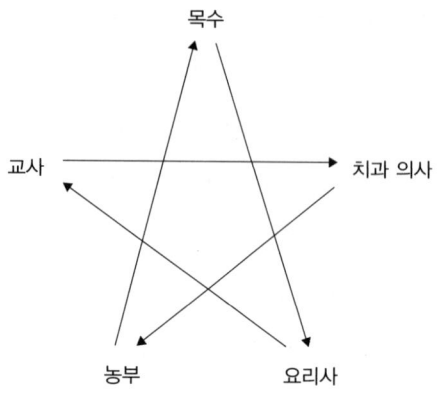

것이다. 다음에는 치과 의사가 농부의 치아를 치료해줌으로써 다시 채무를 갚고, 농부는 목수에게 쌀을 제공해줌으로써 각각의 요구들은 만족될 것이다. 그들은 현금이 없어도 원하는 재화와 서비스를 얻었다. 이렇게 하여 재화나 서비스 거래망이 회원들 사이에서 점차로 넓혀진다.

이를 위해서 정기적으로 회보를 발행하는데, 거기에서 누가 어떤 재화와 서비스를 제공하였고, 누가 무엇을 얻었는가를 일람표로 만들어 회원에게 알린다. 각 회원은 이 정보에 따라 서로 연락을 취하고 거래를 한다. 이때 공동체에서는 서로의 거래 내역을 정산하기 좋게 독자 신용화폐를 쓸 수도 있다. 이를테면 '두루'(=1원), '품'(=1,000원), '타임달러'(=1시간 서비스), '이타카아워'(=10달러) 등이다. 일단 그 공동체의 지역 통화로 거래 가격이 결정되고, 실제로 거래가 행해지면 그 결과는 지역 통화 사무소에 보고되며, 그 자료는 사무소 컴퓨터에 입력되어 해당 회원의 계정이 그때마다 변동되고 회원들에게는 정기적으로 대차대조표가 통지된다.

'레츠'의 경우에 지역 통화는 기본적으로 계정 속에서만 존재할 뿐, 결코 현금화될 수 없다. 그리고 여러 가지 재화와 서비스를 주고(+) 받지만(-) '레츠' 시스템 전체에서는 원칙적으로 잔고는 늘 영(0)이다. 즉 시스템 전체로서 볼 때 여러 가지 재화와 서비스를 주고받아 삶의 질은 높아지지만 현금은 축적되지 않는다. 그런 점에서 지역 통화는 각 회원의 계정을 표시하고, 시스템 전체의 거래의 규모를 표시하는 수단이지만, 가치 증식의 수단은 아니다.

지역 통화는 이자가 없기 때문에 잔고를 플러스 상태로 오래 놔둔다고 더 불어나지 않는다. 따라서 가능하면 잔고를 빨리 사용하는 게 이익이기 때문에 지역 통화를 사용하는 공동체에서는 재화와 서비스의 순환이 빨라져 경제가 활성화된다. 그리고 지역 통화는 실제로 생산물이나 서비스가 거래되면서 발행되기 때문에 가치의 변동이 없다. 따라서 언제나 그리고 누구에게나 동등한 가치를 지니는 지역 통화는 자본주의의 취약점인 인플레이션와 부익부 빈익빈 현상을 막을 수 있다.

2. 우리나라 지역 통화의 사례

우리나라의 두레, 품앗이, 계 등과 같은 상호부조 제도들은 지역 통화 시스템의 원형이라 할 수 있다. 우리나라 지역 통화 운동은 1996년 『녹색평론』에서 지역 화폐를 소개하면서 시작되었고,

우리나라 지역 통화 현황

지역 통화 제도	운영 단체	지역 화폐명	도입 시기	특징
미내사FM	미래를내다보는사람들의 모임	미래화폐 (future money)	1998년 5월	비영리 민간단체
민들레 교육통화	출판사 '민들레'	민들레	1999년 1월	비영리 민간단체
서초 품앗이	서초구청	그린머니 (green money)	1999년 2월	지방자치단체
작아장터	녹색연합출판사	없음	1999년 3월	비영리 민간단체
송파 품앗이	송파자원봉사센터	송파머니 (songpamoney)	1999년 8월	구립 민영 지역 자원봉사
동작자원 봉사은행	동작구 자원봉사센터	없음	1999년 11월	지방자치단체
한밭레츠	주민	두루	2000년 2월	민간인
과천 품앗이	주민	아리	2000년 11월	민간인
안산고잔 품앗이	안산 고산1동사무소	고잔머니 (GM)	2002년 6월	민간인
구미사랑 고리은행	구미 요한선교센터	고리	2002년 8월	비영리 민간단체
지역 품앗이 광명그루	광명시 평생학습센터	그루	2004년 3월	비영리 민간단체
대구지역 화폐늘품	대구달서구본동종합사회복지관	늘품	2005년 4월	지방자치단체

출처: 천경희(2005)

1998년 초 국제통화기금(IMF) 구제금융 체제에 들어가 국민경제가 어려워지자 1998년 5월 우리나라에서 처음으로 '미래를 내다보는 사람들의 모임'에서 '미래화폐FM'을 시작했고 그로부터 2년 사이에 30여 개 지역 통화 단체가 생겨났다.

이 가운데 비교적 성공한 사례로 불리는 '한밭레츠'를 보자. 한밭레츠는 1999년 10월에 회원을 모집하기 시작하여 이듬해 2월에 70여 명의 회원으로 창립하였다. 한밭레츠는 '대전민들레의료생협'(2002년 4월)과 대안 학교인 '대전푸른숲학교'(2004년 4월에 '꽃피는학교'로 개칭)를 만드는 데도 산파 역할을 하였다. 한밭레츠는 2008년 9월 현재 회원 수 580명, 회원 업소 약 80여 개로 비교적 건실하게 조직 기반을 확보하여 국내를 대표하는 지역 통화 운동 단체로 자리 잡았다.

한밭레츠는 사무국 역할을 수행하는 등록소에서 격월 또는 계간으로 소식지를 발행하고, 평균 2~3개월에 1번씩 개최하는 품앗이 만찬(회원 친목 도모, 장터 운영 및 회원 의견 수렴)의 준비 및 거래 안내 도우미 역할을 수행하며, 홈페이지 운영 및 계정 관리 등을 담당한다. 또한 회원 3인 이상 요청 시 목공 교실, 도예 교실, 우리 옷 만들기 등 품앗이학교를 열고, 트럭, 승합차, 디지털캠코더, 빔프로젝터 등을 등록소에 비치해놓고 물품 공유소를 운영하며, 사회복지기관이나 시설에 거주하는 장애인, 노인이나 농민, 주부를 대상으로 이동 영화관을 운영하고 있다. 이 밖에도 두루부엌 등을 통해 밑반찬과 농산물 직거래를 실시하고, 여성가족부 공동 협력 사업의 일환으로 여성 일자리 창출을 위한 생산자 소모임 교육과 생산 판매 활동을 추진하기도 한다. 그리고 노래, 문화유산 답사, 요리 모임과 체조 교실 등의 소모임과 7개 동에서 지역 모임을 조직, 운영하고 있다(박용남, 2008).

만일 지역 통화가 제대로 활성화만 된다면 재화와 서비스를 지역 내에서 순환시킴으로써 지역의 부를 지킬 수 있으며, 기존의 시장경제에 편입되지 못한 재화와 서비스의 거래를 활성화시킴으로써 환경문제와 실업 문제를 해결하여 삶의 질을 높이면서도 지속 가능한 사회로 나아갈 수 있을 것이다. 하지만 우리나라에서 가장 잘나가는 지역 통화 단체인 한밭레츠의 경우, 2007년을 기준으로 볼 때 총 거래 건수는 7,500여 건, 거래 총액은 1억 4,200여만 원(두루), 회원당 연평균 거래액은 24만 원 정도에 불과하다. 따라서 우리 사회에서 지역 통화가 자본주의경제의 폐해를 내부적으로 변화시킬 수 있는 실질적인 대안 경제 운동으로 자리 잡았다고 보기는 어렵다. 한밭레츠를 기획했던 박용남(2008: 24~25)은 지역 통화가 활성화되기 위해서는 사무실 운영비와 상근자 인건비를 충당하기 위한 안정적인 재정 확보, 지역 통화 운동을 널리 알릴 수 있는 교육과 홍보, 국내외 지역 통화 단체들과의 네트워크 등이 필요하다고 주장한다.

4. 지역공동체와 생태계를 살리는 지역 통화

자본으로서의 화폐는 상품으로 전환되기도 하고 다시 화폐로 돌아오기도 한다. '자본'은 '생식하는 화폐'이며, 생식을 통해서만 '자본'으로 규정되는 화폐이다(고병권, 2006: 281~283). 즉 자본으로서의 화폐는 가치를 증식하고, 부를 생산하며, 이자를 낳는 화폐이다. 반면에 지역 화폐(지역 통화)는 그러한 일반 화폐(국가 통화)와는 다르다. 니시베 마코토(2006: 55~57)는 지역 화폐의 특징을 다음과 같이 이야기한다.

① 시민 또는 시민단체에 의한 자유 발행과 운영 비용의 공유.
② 비교적 소규모의 유통권과 국가 통화와의 환금 불가.
③ 무이자 또는 마이너스 이자.

한마디로 지역 화폐란 '사람들이 자신들의 손으로 만든, 일정 지역에서만 사용되며 이자가 붙지 않는 돈'이다. 지역 화폐는 일정한 지역 안에서만 통용되기 때문에 지역의 부(富)가 지역 밖으로 유출되지 않고, 외부의 불안정한 금융시장으로부터 지역을 지키며, 지역을 자립할 수 있게 해주는 지역주의 돈이다. 그리고 지역 화폐는 이자가 붙지 않기 때문에 부의 축적을 위해 이용되지 않고 지속적으로 사용하기 때문에 경제 거래를 활발히 하는 비자본주의 돈이다.

그리고 지역 통화 운동은 지역 생물주의에 입각해서 불가피한 경우를 제외하고는 지역 내에서 자급자족함으로써 불필요한 자원과 에너지 낭비를 줄이고, 재화와 서비스를 지역 내에서 순환시킴으로써 지역공동체와 생태계를 지키려는 운동이다. 지역 통화는 보통 다음과 같은 목적을 가지고 있다(브란트, 1996: 61).

① 지역에서 창출된 부의 유출을 방지하고 지역의 부를 지킨다.
② 인플레이션이나 공황 때문에 큰 규모의 경제가 비틀거릴 때라도 지역 경제는 계속 돌아가게 한다.
③ 현금이나 일자리가 있든 없든 공동체 구성원 모두가 재화와 서비스를 제공받을 수 있게 한다.
④ 재화와 서비스와 같은 진정한 부의 원천에 화폐 체계를 기초시킴으로써 지역 통화의 가치를 안정시킨다.

우리가 살아가면서 필요한 다양한 재화와 서비스를 지역 통화로 얻을 수 있다면 살아가는 데 많은 돈이 필요 없을 것이다. 이미 활성화된 캐나다의 '레츠'는 회원들에게 다음과 같은 심리적 효과를 준다고 보고되었다(아베 요시히로, 2003: 76~77).

① 신뢰 관계에 바탕을 둔 화폐 시스템으로 인간에 대한 신뢰감을 회복할 수 있다.
② 돈이 없는 회원도 대등한 구매력을 갖게 됨으로써 각자의 존엄성을 지킬 수 있다.
③ '돈이 부족하다.'는 의식이 없어지므로 경쟁하는 일이 없다.
④ 부채가 있어도 이자가 없기 때문에 시간적으로 쫓기지 않아서 정신적 여유가 생긴다.
⑤ 자기가 좋아하고 잘하는 일을 하면서 살아갈 수 있기 때문에

인생의 보람을 느낀다.

이러한 심성(心性)의 변화는 경쟁·공격·착취 등을 지나치게 강조하는 오늘날 자본주의 문화에서 중요한 의미를 지닌다. 왜냐하면 인간끼리의 그리고 인간과 자연의 협력·보존·상생 등을 강조하는 문화야말로 환경과 생태계 보존을 위한 중요한 토대가 되기 때문이다. 그리고 지역 통화 시스템을 통해서 구성원들 간에 지배와 피지배 관계가 약화된다면 환경과 생태계 파괴가 그만큼 줄어들 것이다.

비슷한 사례가 우리나라 지역 통화인 한밭레츠에서도 확인되고 있다. 회원들은 지역 통화를 통해서 지출을 그만큼 줄일 수 있었고, 돈으로 살 수 없는 가족같이 따스한 이웃을 만나 큰 행복을 얻을 수 있었다. 박범준(2003)은 국가 통화와 지역 통화를 다음과 같이 비교하고 있다.

	현금(국가 통화)	두루(지역 통화)
화폐 발행	중앙은행이 발행	스스로 발행
인간관계	불신 경쟁 관계(Zero-Sum)	신뢰 협력 관계 (Win-Win)
재화 흐름	외부 유출로 빈부 격차 증가	지역 내 순환으로 빈부 격차 감소
생활비용	증가하여 생활고 증가	감소하여 생활고 감소
현금	부족하여 여가 감소	증가하여 여가 증가
거래 결과	공동체가 해체되어 정서적 고립	공동체가 결속되어 정서적 유대
지속 가능성	자원 착취로 지속 불가능	자원 순환으로 지속 가능

지역 통화는 지역공동체와 생태계를 파괴하는 신자유주의 경제를 보완할 수 있다. 그렇다고 해서 지역의 모든 사람이 지역 통화를 이용할 필요는 없으며, 참가하더라도 모든 부분을 지역 통화에 의지할 필요도 없다. (모든 사람이 아니고) 일부 사람이 (모든 분야에서가 아니라) 자신들이 필요한 분야에서 지역 통화를 통해 재화와 서비스를 교환할 수 있다면, 개인의 삶의 질이 그만큼 높아질 것이고, 지역의 부가 외부로 유출됨으로써 지역 경제가 침체되거나 환경이 파괴되는 일은 그만큼 줄어들 것이다.

5. 맺는말

자연의 원리를 아는 지도자는 항상 사람을 잘 구하기 때문에 어떤 사람도 버리지 않고, 항상 사물을 잘 구하므로 어떤 사물도 버리지 않는다〔聖人常善救人, 故無棄人, 常善救物, 故無棄物〕고 한다(『노자』 27장). 오늘날 폐기물과 실업자가 양산되는 것은 폐기물과 실업자를 필요로 하는 자리를 찾지 못했기 때문이다. 지역 통화 운동은 사용가치가 있지만 교환가치가 없는 재화를 필요로 하는 사람에게 제공함으로써 귀한 재화로 만들자는 운동이고, 나에게는 쓸모없는 물건을 그것을 필요로 하는 사람에게 제공해줌으로써 자원 고갈을 막자는 운동이다.

자본주의사회에서는 자본의 이익에 도움이 안 되는 사람은 더 이상 설 자리가 없다. 오늘날 실업자가 양산되는 것은 그들에게 능력이 없어서가 아니라 그들의 능력이 자본의 이윤 창출에 도움이 되지 않기 때문이다. 그뿐만 아니라 노동이 기계와 컴퓨터로 대체되는 것 역시 그것이 자본의 이익에 도움이 되기 때문이다. 그러나 노동의 기회가 사라져서 실업률이 높아지면, 구매력이 줄어듦으로써 상품이 안 팔려 경제 위기에 봉착하게 된다. 부자도 빈자도 재화를 소비하지 못하는 자본주의 딜레마에 빠지게 되는 것이다(임석민, 2010: 438). 궁극적으로 이 문제를 해결하려면 일자리를 창출하여 구매력을 높임으로써 생산과 소비 사이의 순환을 원활하게 해야 한다.

지역 통화는 국가 통화 없이도 재화와 서비스를 제공받을 수 있게 하고, 일자리를 마련해줌으로써 개인의 삶의 질을 높여주고 자아실현의 계기를 마련해준다. 그리고 지역 통화는 사람이든 사물이든 그것이 있어야 할 자리에 있도록 해줌으로써 그것의 존재 가치를 극대화해준다. 지역 통화 운동은 폐기물이 없고 실업자가 없는 세상을 만들기 위한 운동이요, 개인에게 자존감을 심어주고 인간의 존엄성을 높여주며 평등 사회로 나아가자는 운동이다.

참고 문헌

고병권, 2006, 『화폐, 마법의 사중주』, 그린비.
니시베 마코토, 2006, 『우리끼리 만들어 쓰는 돈』, 이홍락 옮김, 돈키호테.
류동민 외, 2003, 「지역 통화 운동 활성화 방안에 관한 연구」, 『경제발전연구』 제9권 제1호, 한국경제발전학회.

박범준, 2003, 「한밭레츠 설립 취지와 운영 현황 및 발전 방향」, 2회 광명시 평생학습축제 한일 학술심포지엄 자료집 『아름다운 마을 만들기와 지역 통화』, 광명시청.

박상헌, 2004, 『21세기 지역 통화의 패러다임』, 대운출판.

박용남, 2008, 「사랑의 경제와 지역 화폐 운동」, 『녹색평론』 102호, 녹색평론사.

브란트, 바바라, 1996, 「공동체 돈 만들기 운동」, 『녹색평론』 27호, 녹색평론사.

아베 요시히로, 2003, 『누구나 알 수 있는 지역 통화 입문』, 전정근 옮김, 아르케.

윤용택, 2005, 「지역 통화 운동의 환경철학적 의의」, 『환경철학』 제4집, 한국환경철학회.

임석민, 2010, 『경영학자가 쓴 돈의 철학』, 나남.

천경희, 2005, 「지역 화폐 운동의 소비문화적 의미 연구」, 『한국생활과학지』 제14권 4호.

크롤, 조너선, 2003, 『레츠』, 박용남 옮김, 도서출판 이후.

레츠 홈페이지(http://www.gmlets.u-net.com)
이타카아워즈 홈페이지(http://www.lightlink.com/hours/ithacahours)
한밭레츠 홈페이지(http://www.tjlets.or.kr)

장애인 노동의 르네상스를 꿈꾸며

정중규

문명 발전은 늘 그 빛만큼 그늘도 드리운다. 자본주의 체제의 발전 동력인 산업혁명이 장애인 복지에 그러했다. 산업혁명으로 공장제 기계공업이 노동 현장을 장악하면서 표준화되고 기계화된 노동 시스템에 적응하지 못한 이른바 장애인들은 무능력자로 낙인찍히며 노동 현장으로부터 밀려나고 사회체제에서까지 근본적으로 배제당하기 시작했다.

1. 산업혁명과 '장애인'의 탄생

산업혁명 이전 중세 유럽 봉건사회의 공동으로 노동하고 공동으로 분배하는 장원 경제에선 가정생활과 노동 현장이 밀접하게 결합되어 있었기에 이른바 장애인들도 어떤 형태로든 직업을 지니고서 사회 공동체의 경세사회적 시스템에서 배제당하지 않고 살아갈 수 있었다. 그들은 비록 육체적 손상은 있을망정 무능력자(장애인)는 아니었다.

그런데 국부 창출을 위해 생산력과 이윤 증대 극대화를 추구하며 노동자를 기계의 '수족'으로 취급하던 중노동과 장시간의 육체적 노동 현장에서 이른바 장애인들은 비생산적 존재로 여겨져 노동 현장 진입 자체를 근본적으로 차단당했다. 벤담(Jeremy Bentham)식 '공장제 유토피아'에 이른바 장애인이 설 자리는 없었으며, 마침 거대 수용 시설의 출현과 맞물려 장애인은 집단 수용의 격리 대상자가 되었다. 특히 영국은 1834년, 개정 「구빈법」을 통하여 산업사회의 새로운 노동 현장에 투입할 수 없는 아동, 병자, 광인, 심신에 결함이 있는 자, 노약자 등 다섯 부류를 가려내, 이 범주에 속하지 않은 사람들을 노동할 수 있는 자로 간주한다. 즉 일할 수 있는 신체(the able bodied)를 선별하기 위해 일할 수 없는 신체(the disabled bodied)를 규정하였고 여기에서 '장애(disability)'라는 개념이 형성되어 그대로 장애인이란 용어로 고착되었다. 이처럼 일할 수 있는 몸과 일할 수 없는 몸이 분리되면서 일할 수 없는 몸을 지닌 장애인들은 사회 시스템에서 철저히 배제당하기 시작했다.

모리스(Jenny Morris)의 "산업혁명의 노동시장의 작동은 모든 유형의 장애인을 효과적으로 시장의 밑바닥으로 처박아버렸다."는 표현대로 산업혁명 이후로 장애인들은 기나긴 암흑 속으로 빠져들어가게 된다. 더욱이 19세기 말엽 대두된 사회진화론(social darwinism)과 우생학(eugenics)은 장애인과 함께 사는 사회가 과연 바람직한가에 대한 논의를 일으키는 지경에 이르렀다.

장애인 복지의 이런 암흑기는, 전상 장애인(戰傷障碍人)을 양산한 두 차례에 걸친 세계대전과, 지구촌 전체로 확산된 산업화의 후유증인 산재 장애인의 대거 출현을 겪으면서 장애인 문제를 더 이상 장애인들만의 것이 아닌 사회 전체의 것으로 인식하게 될 때까지 계속되었다.

제2차 세계대전 후 장애를 가진 퇴역 병사에 대한 사회적 책임 문제가 대두되었고, 미국을 중심으로 재활 프로그램 위주의 장애인 정책이 더욱 확대되었다. 전쟁 중에 장애를 입은 사람들에 대해 국가가 빚을 지고 있다는 의식은 역설적으로 장애인 복지 프로그램들을 촉진시키는 요인이 되었다. 하지만 외형적으로 발전을 거듭한 장애인 복지 역시 어디까지나 장애인 당사자가 아닌 그 정책을 펼치는 정부와 전문가의 입장에서 이루어졌다는 한계를 지니고 있었다.

2. 장애인 복지의 패러다임을 바꾼 독립생활운동

이러한 장애인 복지 현실에 근본적인 변화를 이끌어낸 것이 1960년대 미국에서 일어난 독립생활(independent living, IL)운동이다. 독립생활운동은 1960년대 진보적 사회운동의 배경에서 움트기 시작하여, 1970년대 「재활법(Rehabilitation Act)」 개정 투쟁으로 발전하였고, 1990년도 「미국장애인법(Americans with Disabilities

Act, ADA)」제정으로 큰 열매를 맺음으로써 미국 장애인운동의 주류로서 확고한 위치를 점하게 되었다.

독립생활운동이 시작된 1960년대는 킹(Martin Luther King, Jr.) 목사의 표현대로 "세계적 규모의 식민주의 체계와 싸우는 것과 더불어 미국 사회 전체를 재구조화할 수 있었던" 결정적 시기였다. 멕시코계 주민의 권리회복운동, 흑인들의 공민권운동, 페미니즘에 입각한 급진적 여권신장운동, 베트남전쟁에 대한 반전평화운동, 히피 문화로 상징되는 반문화운동, 대학생들의 학원 민주화운동 등 진보적 이념에 바탕을 둔 다양한 사회운동이 캠퍼스 내에서부터 시민사회에 이르기까지 왕성하게 펼쳐졌다.

미국 공교육에서 인종차별 철폐의 단초가 되었던 "분리된 교육시설은 본질적으로 불평등한 것이며 분리는 평등이 아니다(separate not equal)."라는 1954년의 '브라운 판결(Brown v. Board of Education of Topeka)'에 힘입어 흑인들이 대학의 문을 두드리던 1962년, 독립생활운동의 창시자 로버츠(Edward Roberts)가 소아마비로 전신 마비가 된 몸으로 그 당시 미국 진보적 사회운동의 진원지였던 버클리주립대학에 입학했다.

로버츠가 숱한 난관을 이겨내며 정치학 석사과정을 마치고 박사과정에 있던 1967년, 그 당시 사회적 이슈들에 적극적으로 참여하던 12명의 버클리대학 장애 학생들이 '휠체어를 타고 굴러서 다니는 장애인들'이란 뜻의 'Rolling Quads'라는 자조 모임을 만들었다. 그들은 차츰 장애인 문제가 시민권적 문제임을 인식하고, 1969년에 장애 학생 독립생활 지원 서비스를 위한 '독립생활을 위한 전략(Strategies of Independent Living)'이라는 모임을, 1972년에는 지역사회 장애인들까지 동참할 수 있는 새로운 형태의 서비스 지원 체제로 앞으로 미국 장애인 권익 실현의 중추적 역할을 하게 될 독립생활센터(center for independent living, CIL)를 각각 개설하였다. 버클리 CIL은 "장애인의 생활 영역은 수용 시설이 아니고 지역사회이다. 장애인은 치료받는 환자나 보호받는 어린이도 숭배할 하느님도 아니다. 장애인은 복지 서비스의 관리자이다. 장애인은 사회적인 편견 때문에 차별받고 희생되어왔다."라고 주장하며 연방정부로부터 예산을 받아 당사자가 주체가 된 활동 보조 서비스, 주택 서비스, 이동 서비스 등을 내용으로 하는 사업을 펼쳤다.

"통합이야말로 가장 핵심이 되는 말이다. 장애인들도 사회 안으로 들어와야만 한다."는 신념으로 로버츠가 시작한 독립생활운동은 단 몇 년 사이에 휴스턴, 보스턴, 뉴욕, 시카고 등 미국 전역에 CIL을 우후죽순처럼 설립시키며 미국 장애인 복지 체계를 근본에서부터 변혁시켰다. 독립생활운동은 다양한 사회운동과 밀접하게 결합하면서 보다 보편화되고 한층 성숙한 기반을 갖추어나가게 되었으며 이것은 결국 시민권적 차별 금지법인 ADA를 탄생시키는 밑거름이 되었다. 로버츠가 버클리대학의 장벽을 허문 지 28년 만인 1990년에 제정된 ADA야말로 미국 장애인들의 투쟁의 산물이며 세계 장애인운동사에서도 역사적인 이정표라 할 수 있다.

이처럼 독립생활운동은 장애인도 한 인간으로서 인권을 보장받고 시민으로서의 권리를 인정받아야 한다는 민권 보장의 정신에서 출발한 것으로, 탈의료화·탈시설화·정상화·주류화 등의 다른 장애인 복지 운동들의 이념과 이론은 물론이고, 새로운 사회를 꿈꾸며 인간의 존엄성과 자조 독립을 회복하기 위한 공통된 가치를 공유하고 있는 시민권(civil rights), 소비자주의(consumerism), 자조(self-help)의 개념 그리고 자기관리(self-care) 등의 시민사회운동들의 실천적 이념과도 밀접한 관련을 맺으며 전개되었다. 이런 이념을 바탕으로 펼쳐진 독립생활운동은 장애인 스스로의 자아실현을 위한 자기 결정과 선택, 기회 평등, 그리고 개인의 존엄을 요구하는 가치관 인권운동으로 확고히 자리 잡으며 전 세계 장애인들에게 공감을 불러일으키고 있다.

우리나라에서도 이러한 독립생활운동이 장애인운동의 중심이 되면서 장애인 당사자들이 직접 나서 인간의 기본적 권리인 이동권·교육권·노동권·문화권 등을 획득하려는 치열한 투쟁을 전개하였다. 그러한 과정에서 자본주의의 거대 이데올로기와 정면으로 충돌하여 장애인 문제가 장애인만의 것이 아니라 사회구조적인 차원의 것이라는 인식이 확산되었고 우리 사회의 소외 계층 약자들과의 연대도 이루어졌다. 독립생활운동은 우리나라 장애인 복지에 코페르니쿠스적 전회(轉回)와 같은 근본적이고 역동적인 변화를 일으키면서 장애인운동의 스펙트럼을 한없이 확장시키는 동시에 광활한 전망의 텃밭을 제공해주고 있다.

3. 독립생활운동을 넘어

독립생활운동은 장애인 복지 체계와 장애인의 삶을 근본적으로 변혁시켰음에도 불구하고 그 한계점도 함께 드러냈다. 미국의 장애인 옹호가 러셀(Marta Russell)과 말호트라(Ravi Malhotra)의 "자유 시장 원리를 당연시하면서 독립생활운동은 장애인을 진실로 세력화할 급진적 잠재력을 잃었다."는 비판처럼, 독립생활운동은 장애인의 자율과 자치를 표방하면서도 장애 논쟁을 자본주의 시장경제에서 평등한 대우를 받을 소비자로서의 권리라는 맥락으로만 국한시킴으로써 장애라는 개념을 발생시킨 자본주의 자유 시장 원리의 이데올로기를 그대로 수용하고 내재화시켜버린 것이다. 장애인의 사회참여만을 추구하다 자본주의 체제 내 편입만을 궁극 목표로 여기게 되었던 것이다.

그런데 자본주의, 200년 전 노동력과 생산성을 모든 것의 유일한 가치 잣대로 삼고서 출발한 산업혁명 이후의 자본주의 체제가 과연 장애인 모두에게 온전한 자아실현과 삶의 질을 보장해주는 천국이 될 수 있을까. 어쩌면 이러한 자본주의 체제야말로 장애인들에게 근본적인 소외와 차별과 배제를 가져다주는 프로크루스테스(Procrustes)의 침대란 생각이 들지는 않는가. 더욱이 장애인을 무능력자로 낙인찍어 '장애인'이란 용어 자체를 만들어낸 자본주의 역사를 돌아본다면!

4. 장애인의 무노동권

이에 따라 최근 미국에서는 장애인의 무노동권(the right to not work)이 주장되고 있다. 물론 여기에서의 노동은 자본주의 체제하에서의 공장제 노동을 말한다. 설사 장애인의 독립생활을 위한 사회적 지원 체계가 온전히 갖추어지고 보조 공학의 발전으로 공장제 노동 현장에 대한 접근성이 일정 한도 올라갈지라도 표준화된 시스템에 의한 공장제 노동 현장에 전혀 접근조차 할 수 없는 장애인들이 어쩔 수 없이 발생할 수밖에 없으니, 노동의 의미에 대한 근본적인 성찰을 통하여 장애인의 고유한 노동 형태를 시민권적 차원에서 확보하자는 것이다.

선천성 다발성 관절만곡증 탓에 입으로 붓을 물고 그림을 그리는 구족화가 장애인운동가 서니 테일러(Sunny Taylor)는 생산성 가치를 한 개인의 가치와 등치시키며 노동 예찬을 펼치는 자본주의 체제의 산물인 공장제 기업 노동을 거부하면서, 그러한 노동에 참여하지 않고 자신만의 고유한 삶을 누릴 권리를 당당하게 주장하고 또 영위하고 있다.

그녀는 "장애인이 노동 '기회'를 통해서만 이익을 얻고, 그런 기회에 감사해야 할 정도로 노동이 중요한 까닭은 과연 무엇인가?"라고 반문하면서 노동은 무조건 숭고한 것이고, 누구든 직장을 동경해야 하고, 임금노동자가 되는 것은 궁극적인 자유이며, 장애인도 비장애인과 똑같은 문화적 이상과 열망, 그리고 꿈을 가져야 한다고 주입하면서도 막상 현실에서는 장애인들을 노동 현장에서 배제하는 구조적 모순을 신랄하게 비판하고 있다.

장애인의 무노동권은 노동생산성, 고용 가능성, 혹은 임금에 따라 사람의 가치가 결정되지 않을 권리를 말한다. 그것은 장애인을 열등한 존재로 낙인찍으며 배제시켰던 자본주의 체제 자체에 대한 근본적인 통찰로 우리를 이끌고 있다. 노동의 역할과 의미를 새로운 관점에서 통찰함으로써 오직 임금노동으로만 인간의 가치를 온전히 실현할 수 있다는, 자본주의 체제가 주입시킨 사고를 전복시킬 것을 요구하고 있다.

물론 아직은 대다수 장애인에게 고용 자체가 '그림의 떡'인 현실에서 장애인 고용 장려 정책 덕분에 공장제 노동 현장 진입에 성공한 장애인들이 갈수록 늘어나는 것은 매우 고무적인 현상인 만큼 장애인 고용 장려 정책은 지속적으로 확대 추진되어야 할 것이다. 특히 '직업 재활이 장애인 복지의 꽃'이라 할 만큼 대다수의 장애인에게 직업을 갖는다는 것은 비장애인이 직업을 갖는 것 이상의 특별한 의미를 지니고 있다. 직업을 통해 장애인은 사회 공동체의 한 구성원으로서 자기 역할을 수행할 수 있음은 물론 독립적인 삶의 품위를 유지하기 위한 소득을 획득하고 생산적 활동으로 사회 발전에 기여할 수 있기 때문이다.

하지만 지난 200년 장애인 복지사를 되돌아볼 때, 영국의 장애학자 애벌리(Paul Abberley)가 말한 '노동을 기준으로 하는 정상화(work-normalized)'를 통하여 자본주의 체제 내로 모든 장애인을 단순히 합류시키는 것만이 장애인운동의 궁극 목표가 되어야 하는가에 대해서는 의문이 든다. 모든 사람이 완벽한 얼굴, 완벽한 일자리, 완벽한 가족, 완벽한 몸을 갈망하는 자본주의 소비사회에서 기존 문화 가치 체계를 근본적으로 변화시키지 않고서 장애인 문제가 근본적으로 해결될 수 있을 것인가에 대한 의문인 것이다.

영국의 장애학자 올리버(Michael Oliver)의 지적대로 사회의 근본적인 변화 없이도 장애인들이 완전한 시민권과 필요한 모든 서비스를 받을 권리를 가진 시민으로 사회 속에서 살 수 있다고 생각한다면 오판이며, 사회 언저리에서 서투른 솜씨로 하찮은 일이나 하는 것이 아닌 사회의 완전한 구성원으로 역할을 하려면, 사회가 근본적으로 바뀌어야 한다.

그리하여 장애인의 무노동권은 장애인들로 하여금 또 다른 측면에서 자기 삶의 의미를 찾도록 상상력을 부추기고 있으며, 우리의 눈길을 자본주의 체제의 기존 문화 가치 체계를 훌쩍 뛰어넘어 펼쳐지는 새로운 지평으로 이끌어간다.

5. 장애인과 아나키즘의 조우

장애인과 아나키즘의 만남은 바로 여기서 이루어진다. 아나키즘 자체가 산업혁명을 통한 자본주의가 서구 사회로 전파되었던 19세기 혁명의 시대에 노동자계급에 대한 자본주의적 착취와 권위주의적 국가의 지배를 거부하는 혁명 사상으로 발생하였다면, 앞에서 살펴보았듯이 장애인의 발생은 산업혁명에서부터 시작된 그 자본주의 체제에서 생산성을 상실하고 배제당하면서 이루어진 것이라 할 수 있기 때문이다.

이런 역사적 과정에서 보면 장애인은 자본주의의 저항 세력이 될 수밖에 없는 운명인지도 모른다. 장애인은 아나키즘의 기본 이념인 개인의 자유를 극대화하고, 자본주의적 착취와 권위주의적 국가를 폐지하기를 바라는 반국가주의, 반권위주의, 반자본주의적 입장에 적극적으로 동조할 수밖에 없는 급진적 위치에 있는 것이다.

자본주의 체제의 작동 원리가 노암 촘스키(Avram Noam Chomsky)가 말한 "단결, 상호부조, 동정, 다른 사람들에 대한 관심 등의 정서" 같은 인간 본성의 핵심 요소들을 포기하도록 만들고, 자본의 이윤 창출에 도움이 되는 생산노동자가 아닌 사람들은 무조건 차별하고 배제시키는 것이라면, 자본주의가 가져다준 위계질서와 권위주의적 지배로부터의 해방과 자유를 추구하며 인간에 대한 신뢰와 인간의 자율적 본성에 대한 믿음에 근거하는 아나키즘이야말로 자본주의 체제라는 암초에 좌초당해 삶을 박탈당했던 장애인들의 진정한 해방에 기여할 수 있으리라고 보는 것이다.

특히 독립생활운동의 이념인 자기 결정권, 선택권, 주도권 등은 대단히 아나키적이다. 그 실천적인 측면에서도 아나키즘과의 친화성을 다분히 지니고 있으니, 앞에서 언급했듯이 독립생활운동 자체가 미국 사회 전반에 아나키적 분위기가 충만했던 1960년대에 탄생했기 때문이다.

세계를 거대한 자본주의 시장 체제로 재편하는 이른바 '신자유주의적 세계화'에 따른 병폐가 주기적으로 찾아오는 경제 위기 속에서 드러나면서, 그 세계시장의 경쟁에서 소외된 민중들의 범세계적인 반세계화운동이 고조되기 시작하였다. 월스트리트 점령(Occupy Wall Street)에서 촉발되어 전 세계적으로 들불처럼 번져가고 있는 점령운동(Occupy Movement)은 1999년 WTO에 반대한 시애틀 시위에 그 뿌리를 두고 있다. 이러한 반세계화운동을 미국의 여성운동가이자 『미국의 종말: 혼돈의 시대, 민주주의의 복원은 가능한가(The End of America)』의 저자인 나오미 울프(Naomi Wolf)는 "과거의 어떤 전쟁과도 다른 새로운 세계대전이 시작되고 있다. 사람들은 인류 역사상 처음으로 국적이나 종교로 편을 가르는 대신, 전 세계적인 양심과 평화적인 삶, 지속 가능한 미래, 경제 정의, 기본적 민주주의라는 요구로 한데 뭉치고 있으며, 그들의 적은 '기업 지배 체제'이다."라고 갈파했다. 이런 흐름 속에서 그동안 개인의 자유와 자율적 공동체의 건설을 강조해온 반권위주의, 반자본주의, 반국가주의 아나키즘운동 이념이 새롭게 주목받고 있다.

그와 함께 우리나라 역시 최근 선거에서 드러나듯 트위터를 비롯한 SNS의 활성화로 인하여 유권자들이 정치에 직접 참여하고 다중 지성적 여론 형성을 주도하며 직접민주주의 시대의 도래를 알리는 아나키적 전망이 펼쳐지고 있다.

이러한 시대적 흐름은 장애인 노동에도 새로운 전망과 유용한 통찰력을 제공해주고 있다. 현재의 국가 주도적인 장애인 고용정책의 천편일률적 행태에서 벗어나 장애인의 개별 특성을 고려하여 장애인들이 각자의 고유한 능력을 자아실현 차원에서 온전히 발현할 수 있게 하는 맞춤형 고용정책이 요구되고 있다. 특히 문화 시대를 맞아 장애인 문인과 예술가를 키워내는 등 장애인 문화에 대한 사회적 관심과 제도적 지원 및 투자도 절실한 시점이다.

그와 함께 현재 독립생활운동의 첨병 역할을 하고 있는 CIL 역시 단순히 장애인 서비스 전달 체계의 네트워크적인 활동을 넘어 아나키즘에서 강조하는 자유로운 발전, 탈집중화, 다양성, 자발성 같은 개념을 지역공동체에서 주도적으로 펼치고 심어나가는 지역사회운동의 메카로서의 선도적 역할을 꾀해야 할 것이다. 생래적으로 반자본주의적이고 탈자본주의적인 장애인 노동운동 또한 신자유주의 속에서 위기에 처한 노동운동의 새로운 지평을 여는 데 소중한 역할을 담당해야 할 것이다.

6. 자본주의 체제를 넘어

동서고금을 막론하고 새로운 문명은 늘 그 사회 속의 마이너리티로부터 창조적 에너지를 공급받으며 활짝 피어났다. 산업혁명 시대가 종말을 고하고, 탈근대의 흐름 속에 맞는 문명사적 대전환기인 이 시대에 나는 다시 우리 사회의 마이너리티들이 지닌 사회변혁의 잠재적 폭발력에 주목한다.

그런데 놀랍게도 탈산업화 시대로 접어들면서 산업혁명의 부산물인 공장들이 갈수록 도시 외곽으로 물러나고 있을 뿐 아니라 공장제 노동 현장에서의 노동의 일탈 현상도 가속화되고 있다. 다양성을 존중하는 정보화 시대를 맞아 장애인들이 고유한 특성을 살리면서 자신의 삶을 영위할 수 있는 다양한 영역도 속속 개척되고 있다.

이러한 시대적 흐름 속에서 장애인운동 역시 단순한 사회 통합이나 정상화 차원을 훌쩍 뛰어넘어, 장애인을 발생시킨 자본주의 체제가 근본적으로 안고 있는, 무한 경쟁을 통한 착취와 억압의 구조적 모순의 위기를 극복하여 온전한 인간 해방을 이루는 길을 모색해야 할 것이다. 여기에 아나키즘의 기본 이념인 탈중심적인 공동체연합, 국가주의의 거부, 직접민주주의, 자유주의적 공동체 사회 건설 등을 실천적 이념으로 내면화시켜볼 필요가 있다.

이런 시대 현상을 주목하면서 효율과 성장을 최우선으로 여기며 노동생산성에 따라 인간의 가치를 결정짓는 비인간적 자본주의 체제를 근본적으로 뛰어넘는 새로운 공동체 사회 출현이 멀지 않음을 기대한다. 어쩌면 역설적으로 장애인이야말로 다가올 새 시대를 여는 사회변혁의 첨병이 아니겠는가. 그 가치에 사회와 장애인들이 눈을 떠야 한다. 장애인 노동의 르네상스 시대는 그렇게 오는 것일까.

참고 문헌

김도현, 2011, 『장애학 함께 읽기』, 그린비.
쉐피로, 2003, 『동정은 싫다』, 서동명 옮김, 장애우권익문제연구소.
크로포트킨, 2009, 『아나키즘』, 백용식 옮김, 개신.

"낳아라, 사랑하라, 간섭하지 말라."

이소영

글을 쓴다는 것에 대해 말해봅시다. 우리는 어린 나이에 아이들이 글을 쓰는 것을 독려하지 않습니다. 왜냐면 그렇게 되면 아이들이 형편없는 글을 쓰는 습관이 들어버리거든요. 흉한 글들이 대량으로 쓰이는 건 정말 불필요한 일입니다. 몇 권의 책을 제외하고는 책을 많이 읽히지도 않습니다. 적어도 열다섯 살이 되기 전에는 읽히지 않아요. 어린이들은 사회 속에서, 실제 삶을 통해서 직접적인 기술을 배워나가야 합니다. 여기 사는 아이들을 보세요. 남자아이든 여자아이든 헤엄을 칠 줄 모르는 아이가 없어요. 저 아이들은 모두 어떻게 밥을 짓는지 알고, 조금 더 자라면 잔디를 깎을 줄도 알아요. 많은 아이가 집 짓는 것을 도울 줄 압니다. 가게를 볼 줄도 알지요. 더 많은 것을 말씀드릴 수 있어요.

이는 모리스(W. Morris)가 자신이 추구하는 이상 사회를 그린

『유토피아에서 온 소식(News from Nowhere』(1890)에서 아이들의 교육에 대한 물음에 답한 부분이다. 이곳 사람들은 '학교'나 '교육'이라는 단어 자체를 모른다. 아이들은 책벌레가 되는 대신 실제 이용 가능한 기술들을 익힌다. 모든 어린이가 땅을 경작하는 법을 익히고, 나무나 천을 이용하여 물건을 만들고, 바느질을 배우며, 원한다면 역사나 과학, 수학, 문학 등을 토론한다. 이러한 교육관은 모리스가 『유토피아에서 온 소식』을 통해 생산만을 숭배하는 사회를 비판하고 자유로운 노동과 장인 정신을 중시하는 변화된 미래 사회를 제시한 근거 중 하나이다. 그는 모든 행복의 근원은 기꺼운 마음으로 하는 노동에 있으며, 그것이 바로 인간이 살아가는 이유라고 본다(Morris, 1992a). 자유로워 할 인간의 노동이 괴로운 것으로 변질된 이유는 노동이 자본과 기계에 종속되었기 때문이다. 즉 자본주의하에서 노동자들은 사회적 부를 생산하지만 실제 생산과 재분배에 대한 의사 결정 능력을 박탈당한 것이다. 이러한 산업자본주의에서는 국가와 법을 상징하는 의회조차 자본가의 이익과 소수의 권력만을 위한 수단으로 전락하기 때문에 이상 사회에서는 의회를 차라리 거름 창고로 쓰자고 제안한다(LeMire, 1969; Morris, 2004).

모리스는 강요된 소비 지상주의를 위해 생산되는 모든 생산품은 '부(wealth)'가 아니라 '쓰레기(waste)'라고 보며, '사람들을 기쁘게 하는 것들, …… 햇빛, 신선한 공기, 오염되지 않은 땅, 음식과 같은 자연, 그리고 끊임없는 지혜를 추구하고 나누는 자유로운 의사소통 수단' 등이 인간이 추구해야 할 진정한 '부'라고 주장한다(Morris, 1992b: 103~105). 이처럼 모리스는 '부'의 개념 정의를 달리하였고 이때 자연을 대하는 태도와 관계를 매우 생태적으로 설명하였다. 그는 자본주의에 의해 자연의 아름다움이 파괴되었으며 그 결과 사람들은 오염된 공간에서 살게 되었다고 본다. 따라서 그의 이상 사회는 물질적 부를 축적하는 사회가 아니라 자유로운 노동이 가능한 사회이며 인류와 자연에 대한 애정을 기반으로 한 생태적 윤리를 추구하는 사회이다(Henderson, 1950). 그의 낭만주의적인 정치사회사상이 묘사된 이러한 이상 사회는 도시와 농촌의 경계가 모호해진 마을을 바탕으로 자연과 조화를 이루며, 창의적 노동을 추구한다. 이처럼 모리스는 환경 이슈를 고려한 분권화된 생태적 사회상을 제시하였기에 에코토피아(Ecotopia)라는 단어가 생성되기 이전에 에코토피아를 제시했다는 평가를 톰슨(Thompson, 1977)과 쿠마르(Kumar, 1987)로부터 받고 있다.

그가 강조한 교육은 자발성을 중요시하고 형식을 탈피하여 자연 속에서 스스로 배우는 것일 뿐만 아니라 어린이가 어른들의 삶을 보고 배워서 일하는 즐거움을 체득해나가는 과정이다. 따라서 그가 말하는 교육은 어린이만을 대상으로 하지 않으며 평생에 걸쳐 이루어지는 것이다. 이러한 교육을 기반으로 전체적인 삶의 방식은 창의성과 자유를 통해 협동과 상호부조를 추구해야 한다.

모리스 이전에 19세기 프랑스의 푸리에(C. Fourier)와 영국의 오웬(R. Owen)도 기존 사회주의자들이 주장하던 노동자 계급투쟁 방식 대신 사회 혁신을 위한 사회 정치적 상상력의 조직과 실천 사례를 제공했다. 즉 그들에게 있어서 유토피아적 전환이란 협동과 조화를 강조한 분권적인 소규모 지역공동체 사회를 기반으로 한다. 특히 오웬은 협동조합의 원칙을 기반으로 한 정의롭고 평등한 '협동 마을(Villages of cooperation)'의 유토피아를 꿈꿨다(Hertzler, 1965). 푸리에와 달리 인간의 자연적 본성이 환경의 영향을 받는다고 본 오웬은 교육을 받을 수 있는 공평한 기회와 환경을 조성하여 정신적 평등을 추구하고자 했다(Owen, 1827). 그는 자신이 소유한 공장을 중심으로 노동자들의 자녀를 위한 학교를 설립하고 문화 시설을 마련하는 등 뉴 라나크(New Lanark)라는 이상 사회를 실현해나가며 협력에 대해 교육하였다.

상호부조를 강조한 프루동(P. Proudhon)과 크로포트킨(P. Kropotkin)도 중앙집권적 권력을 부정하고, 파괴적 실행이 아니라 비폭력 혁명을 통해 지역에서의 유토피아적 소규모 코뮌(communes)의 이상을 제시한 대표적인 유토피아 아나키스트들이다. 즉 '노동자들과 사회 구성원 모두가 자율적인 체제에서 상호 조력으로 살아가는'(Manuel & Manuel, 1979: 742) 상호부조론(Mutualism)적 사회를 이상 사회의 근본으로 본 것이다. 프루동은 거대 독점자본뿐만 아니라 국가의 직권남용에 이르기까지 당시 존재하던 모든 억압에 반대하며 상호 이익이 가능한 상호부조론과 정치적 독립이 가능한 소규모 코뮌 및 이들의 연방에 기반을 둔 이상 사회를 제시했다(Proudhon, 1923).

유아 교육과 무관해 보이는 이들의 주장을 나열한 이유는 21세기 현재 아이들 보육과 관련하여 주목받고 있는 대안적 방식이 유토피아 사상가 혹은 에코토피아 주창자가 주장하는 것과 일맥상통하기 때문이다. 즉 지역에서 일상의 혁신을 통해 창발성과 협동을 실제로 실천하는 방식으로 아이들을 교육하자는 것이다. 이처럼 당연한 주장이 오히려 낯선 이유는 산업화 이후 지금까지 보육과 관련한 패러다임은 정부와 시장의 논리에 따라 무한 경쟁주의로 흘렀기 때문이다.

특히 우리 사회에서는 핵가족 형태가 일반화되면서 발생하는 각종 사회적 요구를 충족시킬 수 있는 보편적 복지가 부재한 상황이므로 유아 양육과 관련된 부분을 전적으로 개인이 감당하고 있다. 주변 친지의 도움을 통해 육아돌봄서비스를 받는 경우도 있으나 대다수 도시인들은 보육 시설에 의지하고 있는 것이 현실이다. 창조적 미래 세대가 의무교육을 받기 전부터 이미 획일적인 보육 프로그램이라는 제도 안에서 양육되고 있는 것이다.

경쟁과 소유의 가치가 지배하는 사회는 자유로운 사회의 가치들을 가둔다. 교육에 대한 아나키즘적 접근 방식은 교육을 모두 없애버리자는 것이 아니라 아이들의 창발적 사고와 활동을 존중하고 이를 펼칠 수 있도록 아이들을 자유롭게 두자는 것이다.

도시 생활에 익숙해진 현대인들이 아이들에게 제공한 독립된 공간, 놀이터를 보자. 워드(2004)의 주장에 따르면, 인구 과밀의 도시 생활과 혼잡한 교통 때문에 아이들에게 제공된 그네, 시소, 미끄럼틀 등의 기구가 설치된 놀이터는 어른들의 권위주의적 대응 방식일 뿐이다. 아이들은 거기에서는 아무런 상상력을 발휘할 수 없고 창조적 활동을 할 수 없어 곧장 싫증을 느끼고 친구들과 색

다른 놀이를 만들어간다. 아이들에게는 즉흥적이고 무질서하게 놀 수 있는 공간이 필요하다. 자유로운 공간을 제공한다는 생각이 오히려 신선하게 느껴진다는 것은 우리의 사회 활동 속에 삶의 흐름을 통제하고 지시하고 제한하려는 욕구가 뿌리 깊이 박혀 있다는 것을 증명한다. 즉 별다른 시설물 없이 모래와 흙이 가득한 마당이 아이들에게는 마음대로 뛰놀고, 마음대로 뭔가를 만들 수 있는 충분한 공간이 된다는 것이다. 흙 놀이터는 "자유로운 아나키 사회의 축소판"이다. 다양성과 자발성, 개인의 자질과 공동체 정신이 조화를 이루어 아이들은 자연스럽게 성장한다. 대안적 유아 교육 방식에서 가장 중요하게 여기는 것 중 대표적인 것이 바로 흙과 함께 놀도록 하는 것이다.

이처럼 어른들이 아이들에게 자신들의 삶을 고스란히 나누어 줌으로써 공동체를 알게 하고 교사가 학생을 교육하는 것이 아니라 어른들과 아이들이 함께 성장하며 다양한 가치관과 육아관을 실현하는 여러 가지 실험적 형태의 공동체가 실존한다. 가까운 예로 한국에서도 활발한 공동육아의 철학이 그러하고, 아이슬란드의 솔헤이마(Sóleimar) 사례의 경우 장애아와 비장애아의 통합 보육을 추구하고 있다.

한국의 경우 80년대 중반에는 생계를 위해 산업 현장에서 고군분투하던 여성들이 아이를 맡길 곳이 없어 아이 혼자 있는 단칸방에 자물쇠를 채워야 했다. 이러한 열악한 상황에서 몇몇 활동가가 일하는 여성과 아동의 보호받을 권리를 위해 지역 탁아소 연합회를 구성했다. 80년대 사회운동의 경험을 통해 이러한 상황을 목도

했던 세대가 이제는 부모가 되어 도시에서 자발적으로 '육아협동조합'을 조직하여 공동육아운동을 펼치고 있다.

마포구 성산동 일대의 '성미산마을'이 좋은 예이다. 이들은 아이 하나를 키우기 위해서는 마을 하나가 필요하다고 보기 때문에 도시 속에서도 생태, 공동체, 마을 문화, 이웃, 고향, 살림을 추구해왔다. 이들은 '우리 아이 우리가 함께 키운다.'는 공동육아의 철학을 바탕으로 부모들이 공동 출자하여 1994년 3~7세 유아들을 대상으로 한 국내 최초의 공동육아협동조합인 '우리어린이집'을 만들었고 이후에도 5개의 공동육아협동조합을 더 만들었다. 친환경 국산 먹거리를 통해 밥상머리 교육과 생활교육을 실천하고 세시 절기를 통해 전통문화를 되찾으며 연령 간 통합 교육을 통해 서로 보살피는 법을 익힌다. 기존 보육 프로그램과 같은 일정한 수업 과정 대신 아이들과 교사, 부모가 대화와 협동을 통해 서로 배운다. 조합원 부모들은 조합 살림을 함께 함으로써 성장한다. 공동육아를 위한 친환경 먹거리 공동 구매 때문에 구성된 생협은 이후 성미산 마을 축제, 숲속 음악회, 마을 운동회는 물론 '성미산 살리기' 등 마을 주요 사안에 대한 공동 대처에서 중심 역할을 했다.

해외에도 아이들의 자유로운 교육을 통해서 마을이 생기를 되찾은 사례가 많다. 특히 아이슬란드의 솔헤이마는, 특별한 돌봄이 필요한 아이들을 시설에서 끄집어내기 위해 1930년대에 만들어졌다(도슨, 2011). 루돌프 슈타이너의 이론과 통찰력에 매혹된 세쎌자(Sesselja)가 시작한 솔헤이마는 오늘날 활기차고 혁신적인 마을 공동체로서 장애인과 비장애인이 함께 일하고 생활하며 놀 수 있는 수많은 기회를 주고 있다. 솔헤이마 사람들은 예술 워크숍, 도자기 스튜디오, 직조 스튜디오, 허브 비누 공장, 향초 공장, 목공예 워크숍, 유기농 묘목과 숲 가꾸기 프로젝트, 유기농 농장, 카페, 레스토랑, 일용품 가게 등 다양한 사업체를 선택하여 일할 수 있다. 또한 솔헤이마에서는 연극과 시각예술, 음악을 매우 중요하게 생각한다. 1931년에 결성된 연극부는 장애 배우와 비장애 배우가 동등하게 일하는 아이슬란드 유일의 그룹이다.

솔헤이마는 또한 꾸준히 생태 친화적인 건물을 짓고 에너지와 식량을 자급자족하면서 생태계에 미치는 영향을 줄이는 혁신 기술들을 소개해왔다. 특히 회의장, 모임 장소, 교육 장소 등 마을 센터 역할을 하고 있는 세쎌자하우스는 당시에는 매우 혁신적인 생각이었던 고효율 조명과 지열이나 지면 냉기로 공기를 순환시키는 방식을 도입했을 뿐만 아니라 아이슬란드에서 최초로 PVC를 쓰지 않은 건축물이 되었다.

이러한 시도들은 장애 아동뿐만 아니라 소외되거나 사회경제적으로 어려운 환경에 놓인 아이들이 시골에서 다양한 문화를 체험하고 비폭력 갈등 해소 방법을 통해 긍정적인 감정을 쌓아가며 다른 사람과 건강한 관계를 만들어가는 것을 사명으로 하는 솔헤이마 산촌 유학 프로그램을 탄생시켰다. 솔헤이마 근처 및 대도시에서 심각한 위험군에 놓인 아이들이 해마다 이곳을 찾고 있다. 아이들은 자연 속에서 시간을 보내고 갈등 해소법을 배우고 공예품을 만들고 재활용 방법을 익히며 텃밭 가꾸기를 한다. 태양열 기기를 만들어보기도 하고 무대 위에서 공연을 하며 새로운 친구들과 우정을 쌓는다.

아동들을 결국 산업 경제 성장을 위한 정형화된 노동자와 소비자로 훈련시켜버리는 기존 교육제도에 대한 환멸감은 자발성, 다양성, 창의성, 협동을 강조하며 보다 전일적인 접근을 고려하는 교육 모델을 확산시켰다. 이러한 교육 모델이 특히 강조하는 부분은 모든 아이가 우리 아이라는 원칙 아래 마을이 함께 본보기가 되어주는 것이다. 진보적인 교육자들이 주장하는 "낳아라, 사랑하라, 간섭하지 말라."를 실천하자는 것이다. 이것은 아이를 무관심으로 방치하자는 주장이 아니라 교육이라는 미명으로 어른들의 틀을 강요하고 그 틀로 억압하지 말자는 것이다. 그 대신 함께 살아가는 삶의 방식을 직접 실천으로 보여주자는 것이다. 이에 대한 국내외 사례를 하나씩 살펴보자.

작년에 설립 50년이 된 핀드혼은 마을 그 자체가 학교이다. 핀드혼은 핀드혼교육재단으로 설립 허가를 받을 때 영성교육재단으로 시작했으며, 전 세계에서 연간 1만 4,000명 이상의 사람들이 그들의 삶을 직접 체험해보기 위해 핀드혼을 방문한다. 일주일의 체험 주(Experience Week) 과정을 거치고 나면 한 달 혹은 일 년 코스에 참여할 수 있으며 춤이나 음악, 영성 등 다양한 교육 프로그램이 운영되고 있다. 거주자들은 방문객을 환영하고 함께 일하고 밥 먹고 생활한다. 그들의 생활은 명상으로 이루어진다. 회의나 노동 등 어떤 일을 시작할 때 조용히 둘러서서 옆 사람의 손을 잡고 가운데 놓여 있는 촛불을 응시하며 마음으로 간단히 기도한 후 잡

앉던 옆 사람 손을 한 번 쥐었다가 놓는다. 이 '조율'은 일을 정하는 방식에도 활용된다. 누가 어떤 일을 할지 정하기 위해 눈을 감고 조용히 마음이 하는 소리를 듣는다. 어떤 일에 몇 명이 필요하겠다 말해주면 내가 어떤 일을 할 수 있을까 생각한다. 담당자가 한 번 더 일할 곳을 말할 때 손을 들어 의사 표현을 하고는 다 정해질 때까지 조용히 기다린다. 만약 당근을 수확하는 일과 김매기 일감을 나눠야 할 때 당근 수확에 사람들이 몰린다면 억지로 나누지 않고 그냥 원하는 일을 하도록 한다. 일손이 많은 당근 수확은 당연히 일이 일찍 끝날 것이고 원하는 일을 한 이들은 자연스럽게 김매기를 돕는다. 애초에 본인이 원하는 일을 했으니 다른 일을 더 해도 불만이 없다. 지혜로운 협동의 방식이다.

핀드혼 사람들은 아이들처럼 춤추기, 노래하기, 게임하기 등을 일상생활에서 빈번히 즐긴다. 이들이 개발한 게임의 종류는 무궁무진하다. 명상에 이용하는 천사 카드, 다시 태어나기 게임, 짝과 손으로 대화하기 등등 모두 물질주의에 빠져 있는 현대인들에게 정신과 몸, 타자에 대한 깨우침을 주는 게임이다. 또한 무거운 회의 전에도 간단하게 하는 게임이 웃음과 창의성을 되찾아준다. 어린이의 놀이와 어른의 놀이는 차이가 없으며 그래서 더욱 창의적인 사고가 살아 숨 쉬고 있다. 아이들을 위해서 '어린이와 가족 분과(Children and Family Department)'를 만들어 서로 도와가며 아이를 돌보거나 정기적으로 모임을 가지며 연극, 춤, 노래, 소풍 가기 등을 함께 계획하고 실천하기도 한다. 마을 신문인 『레인보우 브리지(Rainbow Bridge)』를 살펴보면 영화를 함께 보러 가는 날짜 정하기와 어린이들이 선보일 연극에 대한 소개도 나와 있다. '핀드혼 청소년 프로젝트(Findhorn Youth Project)'라는 모임도 만들어서 청소년들이 가진 창의력과 표현 방법, 순수성, 정직성을 기성세대가 배우고 있다. 이 모임은 핀드혼의 청소년뿐만 아니라 지역 청소년, 세계 각국에서 찾아오는 청소년이 함께하고 있다. 이들은 어린이와 가족 분과의 지원으로 자신들이 계획하고 기금을 모아서 지은 '청소년의 집(Youth Building)'에서 파티를 열고 고민을 나누고 있다.

핀드혼의 아이들은 마을에서 협동심을 체화하고 학교는 근처 소규모 대안 학교나 평범한 지역 학교에 다닌다. 초기에 핀드혼 안에서 시작했던 슈타이너 교육이 마을로 옮겨가서 마을의 일반 아이들과 함께 정원을 가꾸고 함께 학교를 보수하는 우리 모두의 학교로 거듭난 것이다. 무언가 특별나고 전혀 새로운 교육을 시행하고 있는 것이 아니라 핀드혼과 근처 마을 내이 삶의 방식을 따르며 또한 주류 세계의 교육과도 단절하지 않는, 실상 단절이 불필요한 시스템을 유지하고 있다. 분명한 점은 핀드혼 사람들은 자연을 닮으려 하고 맑은 정신을 가지려 애쓰며 나에게 지극히 충실하고 그만큼 타인을 무한히 신뢰한다는 점이다. 또한 지금 바로 이 순간, 바로 지금에 너무도 충실하며 어떤 일이든 사랑으로 행동한다(love in action)는 점이다. 지극히 당연하지만 실천하기는 어려운 이러한 가치들을 자연스럽게 생활 속에서 실천으로 옮겨버린 이들에게 교육은 부모가 자녀에게, 선생이 학생에게 하는 것이 아니라 자연이 인간에게 인간이 인간에게 서로가 서로에게 하는 것이다.

　한국의 경우를 살펴보자. 남원시 산내면에 귀농인들을 중심으로 형성된 인드라망생명공동체가 아이들을 대하는 방식은 모리스나 고르가 말하는 것과 유사한 점이 많다. 공동체 구성원들 중 특히 선생님이나 학부모는 한국의 현재 교육제도가 조화와 협동을 가르치기는커녕 친구를 밟고 이겨야 하는 경쟁을 가르친다고 생각한다. 문제에 직면했을 때 함께 의논하는 방법 대신 나만 정답을 알도록 가르치고 있다는 것이다. 또한 교과서에 있는 세부 내용들을 암기하도록 교육하지 현실 세계에서 이용 가능한 실질적인 내용을 가르치지 않으며, 일류 대학에 입학할 수 있는 방법만을 강조하지 하나의 객체로서 어떤 사람이어야 하는지에 대한 교육은 생략되어 있다는 것이다. 인드라망생명공동체에서 중등 학생을 위한 대안 교육기관인 '작은학교' 아이들은 스스로 요리하고, 농사일을 하고, 집을 짓는 기술도 배운다. 이렇게 육체노동을 하거나 집안일을 배우는 것뿐만 아니라 이를 통해 다른 사람들, 그리고 자연과 어떻게 조화를 이루며 살 것인가에 대해서도 배운다. 물론 교과서나 책에 의존하여 이러한 것들을 배우는 것이 아니라 공동체 혹은 마을에 살고 있는 사람들, 이웃, 그리고 살아 있는 자연으로부터 배운다. 작은학교 학생들은 그들 스스로 만든 생태 화장실의 똥오줌을 푸는 것도 직접 하기로 했다. 물론 그 일을 어떤 방식으로 돌아가면서 해나갈지에 대해서는 학생들 사이에서 오랜 시간 많은 논의와 갈등이 있었다.

산내들 어린이집은 인드라망공동체에서 만든 탁아 시설이다. 한생명의 여성농업인센터 사업 중 하나로서 2004년에 시작됐다. 산내들 어린이집은 아이들이 삶을 구성하는 물, 땅, 공기 등과 함께 놀이를 할 때 참된 행복을 느낀다는 생태 유아교육 방식을 존중한다. 자연과 함께하는 것을 강조하기 때문에 아이들은 자기를 둘러싼 환경에서 생명 존중의 중요성을 직접 배우며 생명 사랑을 실천해나간다. 물과 흙을 마음껏 만지고 맑은 공기 속에서 신나게 놀며 나들이, 텃밭 가꾸기 등 자연 활동을 하는 아이들은 자신들과 관계 맺고 있는 물과 흙, 풀, 꽃, 나무, 곤충, 동물 등 자연과 그 생명의 소중함을 느낀다.

주위의 모든 사람이 아이들에게 최선을 다하는 모습을 보이고 그것이 바로 산내들 어린이집 아이들의 모습이 되는 것이다. 주변 모든 사람이 아이들의 할머니, 할아버지, 언니, 오빠가 되어야 한다. 이러한 교육이 확대되면 지역과 이웃의 고마움을 알고 자라는 아이들이 될 수 있다. 사실 핵가족화가 되면서 예전에는 할머니, 할아버지, 여러 형제자매와 이웃 사람들과 함께 커가던 아이들이 이제는 장난감이 없으면 놀지 못하는 지경이다. 사랑하고 감사하는 마음, 타인과의 관계 속에서 배려하는 마음이나 이해심 등을 배울 기회도 줄어든다. 그래서 산내들 어린이집에서는 아이들이 가능하면 이웃들과 시간을 보낼 수 있도록 한다. 예를 들어 산내초등학교 운동회가 있는 날에는 어린이집에서 운동장까지 걸어가며 긴 나들이 시간을 가질 뿐만 아니라 마을 언니 오빠들과 동네 어른들을 만나며 함께 가고, 함께 응원한다. 한가위 때는 세시

풍속을 배우기 위해 송편을 만들어서는 주위 어른들에게 나누어 주고 한가위 인사도 한다.

산내들 어린이집 아이들은 철에 따라 고구마를, 옥수수를, 감자를 쪄서 간식으로 먹는다. 산내들 어린이집에서는 아이들이 먹는 것, 아이들의 올바른 식습관에 크게 신경을 쓰는데, 그 이유는 음식이 아이들의 성격 형성에 영향을 미친다고 생각하기 때문이다. 음식은 아이들의 성장과 정서 발달의 기초다. 산내들 어린이집 아이들은 농장에서 혹은 지역에서 기른 유기농 재료와 제철 재료로 음식을 직접 만들어 먹는다. 산내들 어린이집에서는 그때그때 마을 농장이나 지역에서 나는 다양한 채소와 곡물을 간단히 조리해서 먹고 섬유질이 많은 통 곡식을 고루 섞은 밥을 주식으로 하며, 고기보다는 채소를 선호한다. 고깃덩어리를 만들기 위해 소모되는 곡물의 양, 오염되는 수질 등 굳이 환경문제를 언급하지 않더라도 잦은 육식은 아이들의 성격을 급하고 거칠게 만들기 때문이다. 산내들 어린이집에서는 아이들의 생활 습관과 군것질을 주제로 학부모간담회를 열고 '인스턴트 과자 안 먹기 운동'도 한다.

산내들 어린이집과 마찬가지로 한생명의 여성농업인센터에서는 산내 지역 어린이들을 위해서 산내 어린이 자율 학습 공간도 제공한다. 방과 후 학교에서는 초등학생들을 위해 스님과 함께하는 한자 교실도 열고, 중등 학생들을 위해 영어 교실도 연다. 한자, 영어, 수학, 독서 등 학습 영역과 만들기, 그리기, 악기, 살림 활동, 몸 활동 등 특기 영역으로 나누어 도움 선생님을 구하고 있다. 여름학교 프로그램에서는 아침에 천연 염색을 체험하고 오후에 목공예를 배워보기도 한다. 이러한 과정들은 인드라망공동체에 속한 어린이뿐만 아니라 모든 지역 어린이에게 열려 있다. 도농 어린이 교류 프로그램을 통해 산내 어린이들이 서울에서 며칠을 묵고 서울 어린이들이 공동체를 방문하기도 한다.

이처럼 전반적 삶의 양식을 변화시켜 그 삶을 통해 아이들을 키워가는 식의 유토피아적 실천 사례들이 시간이 흐름에 따라 덜 급진적이고 결국 기존 사회와 흡사한 태도 및 삶의 방식을 따르게 된다고 페퍼(Pepper, 2005)는 비판한다. 비록 유토피아 혹은 에코토피아 사상가들의 주장은 이론적으로 작은 규모의 자급자족 공동체를 지향하는 경향성이 있으나 실제 사례에서는 마을 단위의 폐쇄적 자급자족을 특별히 바람직한 것으로 고려하지 않는 것이 사실이다. 왜냐하면 지역의 지속 가능성을 위해서는 기존 사회와의 연계도 중요하기 때문이다. 예를 들어 제철 친환경 유기 농산물은 자체 소비를 위해 생산하기도 하지만 근교나 생협과 관계를 맺고 효율적 수급을 추구하는 것이 바람직하기도 한 것이다. 앞에서 살펴본 사례들이 자급자족만을 강조한다면 오히려 외부인 혹은 사회와의 단절을 유발하여 그들만의 리그로 전락할 수 있다.

에코토피아를 확산시키기 위해서는 기존 세계로부터 고립되기보다 오히려 서로 교류하고 소통하는 것이 낫다고 보는 이유는 에코토피아 사상의 공통 개념인 소외되지 않은 노동, 창조적 노동, 의식주의 평등, 생태적 책임, 자연과의 조화, 상호 존경 등을 실천하는 과정을 외부에 알려 더 많은 사람이 동참할 수 있는 기회를 제공할 수 있기 때문이다. 다시 말해 에코토피아가 자신의 순수함만을 고집할 때 바깥 사회로부터 고립되고 또한 영향력을 잃게 된다는 것이다. 에코토피아는 미래를 위한 대안을 시범적으로 보여주는 역할을 하는 동시에 이상 사회가 현 체제와 완전히 다른 사회가 아니라는 것을 알리는 역할을 해야 한다.

  에코토피아의 실천은 생활세계의 변화에 초점을 두면서 궁극적으로는 잠재적인 사회 변화를 추구한다. 에코토피아를 추구하는 사람들은 대안 에너지의 개발, 윤리적인 소비, 유기농 먹거리 생산, 대안 학교 등을 이미 현실화했고, 또한 주류 사회에 그것들을 침투시키는 역할을 했다. 특히 전형적인 교육 구조와 교육학으로부터 탈피해서 마을 전체가 통째로 거대한 연구실이자 교실로 활용되어 아이들과 교감하는 마을들은 최고의 교육 센터로 인정받기에 이르렀다. 미국의 더팜(The Farm)은 마을 단위에서 아이들과 함께한 작업들 덕분에 국립지속가능위원회로부터 3년 연속 우수 센터로 인정을 받았고, 국립정원연합회로부터 두 번의 상을 받기도 했다.

  "낳아라, 사랑하라, 간섭하지 말라."는 우리의 주장은 사회에서 모든 교육을 폐지하고 모든 학교를 폐쇄해야 한다는 뜻이 아니다. 유아기부터 권위에 억압받는 제도와 문화를 걷어내자는 것이다. 스스로 자연과 마을에서 배우고 어른들을 본받아 일하는 즐거움을 배우는 것, 그래서 유아기, 아동기, 청소년기를 넘어 평생 기꺼운 마음으로 학습을 영위할 수 있는 문화를 누리자는 것이다. 이러한 실천은 매우 성공적인 결과를 낳고 있으며, 실현 가능한 에코토피아를 조망해볼 수 있는 중요한 역할을 하고 있다. 이러한 노력은 더 넓은 사회운동의 영역에서 반드시 필요한 것이며 더욱 확산되어야 할 것이다.

참고 문헌

도슨, 조나단, 2011, 『지금 다시 생태마을을 읽는다』, 이소영 옮김, 그물코.
워드, 콜린, 2004, 『아나키즘, 대안의 상상력』, 김정아 옮김, 돌베개.
이소영, 2009, 『인드라망, 지금 여기의 에코피아』, 이매진.
Henderson, P., 1950, *The Letters of William Morris*, London: Longmans Green & Co.
Hertzler, J. O., 1965, *The History of Utopian Thought*, NY: Cooper Square Publishiners.
Kumar, K., 1987, *Utopia and Anti-Utopia in Modern Times*, Oxford: Basil Blackwell.
LeMire, E. D., 1969, *The Unpublished Lectures of William Morris*, Detroit: Wayne State University.
Manuel, F. E. & F. P. Manuel, 1979, *Utopian Thought in the Western World*, Harvard Univ Press: Massachusetts.
Morris, M., 1992a, *The Collected Works of William Morris XXII: Hopes and Fears for Art, Lectures on Art and Industry*, London: Routledge.
Morris, M., 1992b, *The Collected Works of William Morris XXIII: Signs of Change, Lectures on Socialism*, London: Routledge.
Morris, W., 2004[1890], *News from Nowhere*, ed. D. Leopold, Oxford: Oxford University Press.
Owen, R. 1927, *A New View of Society and other writings*, J. M. Dent & Son Ltd: London.

Pepper, D., 2005, "Utopianism and Environmentalism", *Environmental Politics* Vol. 14. No. 1, pp. 3~22.

Proudhon, P., 1923, *General Idea of the Revolution in the 19th century*, trans. J. B. Robinson, London: Freedom Press.

Thonpson, E., 1977, *William Morris: Romantic to Revolutionary*, London: Merlin Press.

아나키즘적 협동조합공동체 사회 건설 구상

임해수

1. 들어가는 말

이 글은 아나키즘, 협동조합(농협), 공동체를 주제어로 하여 서술하였다. 먼저 주제어들의 이념적 동질성과 관련성을 논하였다. 그리고 주제어의 실천 사례를 서술하였다. 영국의 사례로는 오웬이 시도했던 뉴하모니 공동체를, 일본의 사례로는 야마기시가 실천하여 성공한 야마기시-가이 농업생산공동체를, 한국의 사례로는 자칭 아나키스트라고 하는 내가 실행했던 대구·경북염소축산업협동조합을 각각 제시하였다. 대구·경북염소축산업협동조합은 우리나라의 마지막 아나키스트(이문창, 2008)로 불리는 하기락 선생의 지도를 받아 창립하였기에 아나키즘적 협동조합공동체로 규정해도 손색이 없을 것이다.

다음으로 '왜 아나키즘적 협동조합공동체인가?'에 대한 이유를 논한 후 한국 농협 현실을 진단·비판하고, 부패한 괴물로 전락한 한국 농협의 대안으로 아나키즘적 협동조합공동체 사회 건설 전략에 관해 기술하였다.

나는 이 글에서 영국과 일본의 사례를 참고하고 나의 협동조합공동체 실천의 경험적 지식을 기반으로 하여 아나키즘 협동조합공동체 사회 건설을 위한 실천 전략을 제시하고자 한다. 특히 실천 전략은 야마기시-가이 농업생산공동체를 모델로 삼아 우리나라 실정에 맞는 방안을 구상하였으므로 앞으로 현장에서 단계적으로 실행에 옮길 수 있을 것이다.

먼저 서두에 언급한 주제어, 즉 아나키즘, 협동조합, 공동체에 관하여 일관되게 기술한 프루동의 사상에 대해 살펴보자.

근대 아나키즘의 선구자로 평가받고 있는 인물은 피에르-조제프 프루동(Pierre-Joseph Proudhon, 1809~1865)이다. 그는 쥐라 산맥의 브장송에서 가난한 통 제조업자 겸 선술집 주인의 아들로 태어났다. 그곳은 전형적인 농촌 마을로, 그는 9세 때 목동이 된 후 대학에 진학할 때까지 그곳에서 성장했다. 이러한 성장 배경은 그의 사상에 커다란 영향을 미쳤는데, 그가 그린 이상 사회는 바로 그의 부모와 선조들과 같은 농민과 수공업자가 권력의 압제에 시달리지 않고 자율을 누리는 목가적인 이상 사회였던 것이다.

어려운 가정 형편 때문에 인쇄공으로 일하게 된 그는 독학으로 라틴어, 희랍어, 히브리어 등을 공부하였다. 1840년에는

『소유란 무엇인가』를 발표하여 자신의 사상을 드러내었는데, 그는 여기서 자신은 '아나키스트'이며 '재산은 모두 도둑질한 것'이라고 단언하였다. 1843년 수상운송회사의 사무 책임자로 리옹에서 일하게 된 그는 그곳의 직조공 비밀결사 회원들과 접하게 되었는데, 거기서 그는 노동자들이 폭력혁명보다는 경제적 활동을 통해 사회를 변혁시킬 수 있다는 '원시적 아나키즘'을 주장하였다. 여기서 그의 고유한 아나키즘 사상에 '상호부조주의'라는 이름이 붙여졌다. 그는 생산자와 소비자로 이루어진 협동조합 체계, 즉 '상호부조조합'이 자본주의 체제를 대신하고, 이러한 '자유로운 상호부조조합'이 '국가'를 대신하여 미래의 아나키 사회를 이끌 것이라고 주장하였다(구승회 외, 2004: 24).

내가 서두에서 프루동에 대한 이 인용문을 길게 소개하는 것은 나의 글을 관통하는 핵심이 이 인용문에 있기 때문이다. 나는 프루동처럼 내가 아나키스트임을 전제하고 이 글을 쓴다.

2. 아나키즘, 협동조합, 공동체, 그 이념과 목표의 동질성

아나키즘의 중심 사상은 자주, 자치, 자유 그리고 개개인의 연맹이며 궁극적 목표는 농민, 노동자의 이상 사회 구현이다. 협동조합도 이와 마찬가지로 농민, 노동자의 자주, 자치, 자유와 연맹에 의한 이상 사회를 실현하는 것을 목표로 한다.

아나키즘 공동체 역시 구성원들의 자주, 자치를 통해 그들이 인간다운 삶을 누릴 수 있는 이상 사회를 건설하는 데 궁극적 목표가 있다고 할 것이다. 아나키즘 공동체는 자유를 핵심 사상으로 하여 상호부조를 통한 이상 사회 건설을 추구해왔으나 실험적 실천으로 끝났을 뿐 현실 사회에 구현된 실체가 없다는 것이 아나키즘 공동체에 대한 역사적 평가일 것이다. 다만 뒤에서 논술하는 협동조합 등 극히 소수의 아나키즘적 협동조합공동체가 성공하여 실존하고 있다.

아나키즘이 태동한 지 200여 년이 되었지만 이상 사회 구현은 꿈을 실현하는 것과 같이 지극히 어려운 과제임을 실감할 수 있다. 그러나 "꿈은 이루어진다."는 킹 목사의 말처럼 아나키즘적 이상 사회가 이 세상에 출현할 날이 확실히 올 것이라는 신념하에 아나키즘적 협동조합공동체 사회 건설 운동은 지금부터 시동을 걸어야 할 것이다.

3. 아나키즘, 협동조합, 공동체 관련 사례

아나키즘, 협동조합, 공동체 관련 실천 사례로 뉴하모니 공동체, 야마기시-가이 공동체, 그리고 대구·경북염소축산업협동조합을 들고자 한다.

1) 뉴하모니 공동체

1824년 자신의 사회주의적 공동체 이상을 실현할 새로운 방안을 구상 중이던 오웬은 미국의 누군가가 한 마을을 매각하려 한다는 사실을 알게 되었다. 그는 곧 미국으로 건너가 현장을 답사한 후 15만 달러에 그 마을을 인수했다.

미국에 온 오웬은 여러 뜻있는 지성인의 눈길을 끌어 자신의 시도에 이들을 끌어들일 수 있었다. 오웬과 그를 따르는 이상주의자들의 집단은 1826년 봄, 박애주의자(Philanthropist)라는 이름의 평저선을 타고 뉴하모니에 도착하여 그들의 원대한 계획을 실천에 옮겨나가기 시작했다. 그들은 재산의 공유, 상호 간의 정중한 인간관계, 언론 및 행동의 자유, 그리고 생명 보호 및 지식 획득, 모든 구성원에게 동등한 권리의 보장, 미국의 법률 준수 등 제 원칙을 표방했다.

또한 자칭해서 빵 굽는 일을 맡아서 하던 오웬이 여러 사람의 웃음거리가 되기도 했지만 운영위원회는 오웬에게 공동체 운영권을 일임함으로써 전체적인 화합을 회복하려 했다. 그러나 오웬은 구성원들의 민주적인 열망을 저버린 독재적인 인물이 되었으며 또한 자신의 유토피아적 이상을 확산시키기 위해 줄기차게 이곳저곳을 돌아다니는 일에 빠짐으로써 공동체의 결속을 다지려던 그의 시도는 결국 실패로 돌아가고 말았다.

1827년 3월, 드디어 공동체는 와해되고 말았다. 비록 공동체는 와해되었지만 유토피아의 꿈을 안고 뉴하모니에 몰려왔던 사람들대부분은 그곳에 남아 살면서 여러 방면으로 미국 사회에 영향을 미쳤다(포피노·포피노, 1993).

2) 야마기시-가이 공동체

일본의 사례로 일본식 협동농장 공동체인 야마기시-가이를 소개한다. 다음의 내용은 『세계의 공동체 마을들』(포피노·포피노, 1993)에서 요약 인용한 것이다.

'가이'는 '모임[會]'을 의미하며 이 이야기는 미요소 야마기시라는 인물이 시작한 공동체에 관한 것이다. 그는 닭을 키우는 농부로서 각 개인의 발전과 사회관계에 대한 독특한 철학을 계발하였으며, 현재 1,500여 명의 상주 구성원과 3만여 명의 지원자를 둔 공동체 운동의 창시자가 되었다. 야마기시 철학의 세계는 진리와 성실의 세계이다. 그는 "나는 물질적으로 풍요하면서 건전한 도덕을 바탕으로 한 사랑의 공동체를 실현할 수 있게 되기를 마음속 깊은 곳으로부터 간절히 바라고 있다."고 어느 저서에서 기술한 바 있다. 이스라엘의 달리아(Dalia) 협동농장 구성원인 이사야 카라쉬는 야마기시의 사상을 연구하고 나서 다음과 같이 기술하였다.

"그의 사상에는 인간에 대한 전적인 신뢰와 자신의 내부에서 용솟음치는 능력을 충분히 발휘할 수 있다는 자신감이 넘쳐흐르고 있다. 그는 인간 상호 간의 대화와 설득을 통해서 새로운 사회 풍토를 조성함으로써 폭력은 물론 어떠한 종류의 물질적, 영적 자산도 개인적으로 소유하는 일이 없는 새로운 세계를 창조하는 일이

가능하다고 믿었다. 그는 협동농장이 가져다주는 안정된 삶의 양식을 마음속에 그리고 있었으며 평화와 이해, 인간과 환경 사이의 내적인 조화를 주창했다. 이러한 그의 청사진은 비록 무정부주의를 바탕으로 한 것이기는 하나 전통에 뿌리박고 있었기 때문에 농부들의 가슴에 쉽게 와 닿을 수 있었다."

야마기시는 매우 독특한 방법을 사용하여 자기의 사상을 다른 사람들에게 전파해나갔다. 그는 인근 마을 농부들에게 새로운 양계 기술을 가르쳐줄 테니 자기를 찾아오라고 했다. 당연히 많은 농부가 그를 찾아와 양계 기술을 배웠다. 그 과정에서 그는 새로운 계획을 그들에게 설파하면서 '우리를 노예로 만드는 분노', '우리를 자유롭게 하는 협동', 그리고 '본능을 억제하는 방법' 등의 주제를 이해하기 쉽게 설명해주었다. 이와 같은 새로운 개념들과 진지한 토론, 고통스러운 생활에서 벗어난 활기찬 분위기, 그리고 무엇보다 미래의 안정된 삶에 대한 기대, 이 모든 것이 결실을 거두어 최선의 공동체가 형성되었다. 야마기시-가이 공동체의 중요한 사업 일부를 운영하고 있는 하부 공동체인 도요사토 공동체의 사례를 소개하면 다음과 같다.

도요사토는 다양한 종류의 농산물을 생산, 분배, 판매하는 조직망을 통해 야마기시-가이 산하 다른 공동체들과 경제적으로 관련되어 있다. 농촌에 있는 생산적인 공동체들과는 별도로 30~40명으로 구성된 소규모 도시공동체들이 이러한 농산물들을 공급하는 전초기지로 활동하고 있다. 공동체 내부 및 외부에서 사용할 목적으로 80~90대의 차량을 보유하고 있는 도요사토 수송부는 그러한 공급 기지까지 농산물을 운반한다. 그러면 공급 기지에서는 야마기시-가이 운동과 관련된 가게들로 구성된 소비조합에 이 물건들을 넘겨준다. 소비조합은 대체로 도시에 살면서 이 운동에 관심을 가지고 있는 사람들로 구성되어 있으며 그들 가운데에는 단순히 야마기시-가이가 생산하는 농산물을 선호하기 때문에 가입하는 경우도 있으나 이 운동에 대한 관심이 고조되어 결국은 연찬을 통한 훈련 과정에 참여하는 사람이 많다.

3) 대구·경북염소축산협동조합

우리나라의 아나키즘 공동체 성격의 협동조합으로 1991년 7월 17일에 창설된 대구·경북염소축산협동조합(이하 대경염소농협)을 소개한다. 여기에 그 창립 과정을 소개하는 것은 대경염소농협이 앞으로 우리나라에서 전개될 아나키즘적 협동조합공동체 운동에서 하나의 모델 역할을 할 수도 있기 때문이다. 다음의 내용은 「전문 농협의 기능을 통한 농촌 지역사회 개발에 관한 연구」(임해수, 1995)에서 요약 인용한 것이다.

협동조합이 산업혁명의 산물이라면 대경염소농협은 우루과이라운드(UR)의 산물이다. 대경염소농협의 설립 배경으로는 UR 협상으로 축산물 수입 개방이 불가피하게 된 점을 들 수 있다. 축산물 수입이 개방된다면 우리나라 축산업은 상당히 어려운 국면을 맞이하게 될 것이며 양축 농민의 소득은 위축될 것이 불 보듯 뻔했다. 우리나라 축산업이 이와 같은 어려운 국면을 앞에 두고 있는 상황에서 특히 경쟁력이 약한 영세 양축 농민들의 피해를 가급적 줄이고 지속적으로 소득을 증대할 수 있는 대안을 모색하기 위한 방안의 하나로 협동조합 설립이 요청된 것이다.

농업협동조합 운동이 지역사회개발 운동과 깊은 관련성이 있음에도 불구하고 지금까지 우리나라 농협 운동은 그 조직과 운영 면에서 계획적인 지역사회개발 원리와 방법을 도입한 사례가 없었다고 할 수 있다. 왜냐하면 우리나라의 농협은 관료적, 하향적 협동조합으로서 비민주적, 비자율적 조직으로 육성, 운영되어왔다는 것이 정설이기 때문이다(송해범, 1991). 이러한 배경하에 설립된 대경염소농협의 설립 발전 과정을 살펴보면 아래와 같다.

의장 주제로 회의가 진행되는 가운데 염소농협 설립에 관한 자유 토론을 거쳐 협동조합 설립으로 의견이 모아졌다. 여기서 특기할 사항은 염소농협 설립 준비 과정부터 설립 후까지도 하기락 선생이 열성적으로 지도하면서 아나키즘 사상을 고취시켜주었다는 사실이다. 또한 설립 준비회에서는 서울여대 김선요 교수(캐나다 안티고니쉬 연구원 수료)가 캐나다 지역사회 개발의 모범 사례인 안티고니쉬 운동과 철학에 관한 특강을 함으로써 농민 조직화의 철학을 교육하였고, 창립총회 시에는 단국대학교 장원석 교수가 협동조합 운동의 이념과 철학이라는 주제로 특강을 실시하여 참여 농민들에게 협동조합의 혼을 불어넣어주었다는 사실이다. 이렇게 하여 대경염소농협이 탄생한 것이다.

4. 아나키즘적 협동조합공동체 사회 건설 구상

왜 아나키즘적 협동조합공동체인가?

한국의 전통적 공동체는 모두 와해, 분해되었다고 진단해도 지나친 평가는 아닐 것이다. 한국은 가족공동체, 씨족공동체, 혈연공동체, 지역사회공동체를 찾아보기 힘든 사회가 되었다. 특히 아나키즘적 관점에서는 더더욱 그렇다. 농경 사회는 여러 공동체가 두레, 향약 등을 통해 고유의 기능을 발휘하는, 사람 냄새 나는 사회였다. 그러나 산업사회, 자본주의사회, 정보화사회를 거치면서 이제는 인간미 넘치는 공동체를 더 이상 기대하기 어렵게 되었다.

특히 농촌 사회가 해체되었을 뿐만 아니라 마을공동체, 나아가 지역공동체까지 해체된 상황이다. 이제 머지않아 농촌에 가도 사람 사는 마을을 찾아보기 힘든 시대가 도래할지도 모른다. 학자들은 트위터를 비롯한 SNS에서 이루어지는 다양한 모임과 활동을 분석하여 사이버공동체라는 신조어를 만들어냈지만 이들 공동체를 어찌 전통적, 전형적, 역사적 공동체에 비견할 수 있겠는가. 인간이 배제된 배금주의가 활개 치는 이합집산의 모임일 뿐 이들은 하늘의 구름처럼 무의미하게 그저 모이고 흩어지는 것일 뿐이다.

김동률(서강대 MOT대학원 교수)은 『매일경제』 기고(2011. 10. 3)에서 '디지털 노마드' 개념을 창설한 석학 자크 아탈리는 타인을 배려하는 이타주의(altruism)가 미래를 이끌어갈 것이라고 예측했지만 오늘날 한국 사회는 팍팍하기만 하다가 분노라는 파괴적 에너지가 확산되면서 공동체 사회가 뿌리부터 흔들리고 있음을 걱정해야 하는 순간이 왔다고 우리 사회를 비판했다.

김동률의 주장은 우리 전통 사회의 공동체가 뿌리 채 붕괴되고 있음을 진단하고 있다고 할 것이다. 나는 우리 현대사회에 대한 이러한 진단에 전적으로 공감하며 그 대안으로 아나키즘적 협동조합공동체 사회 건설 구상을 제안하게 된 것이다.

우선 한국 농협의 발전 단계를 크게 3단계로 구분하고 각 단계별 발전 특징과 공과를 살펴보자.

1) 제1단계(1957~1961. 8)

이 시기는 농협이 탄생하고 자리 잡아가는 초보적 단계라고 할 수 있다. 1957년 처음으로 농협법이 제정되어 동별 농협이 조직되었다. 전국의 각 마을마다 농협이라는 이름의 협동조합이 유사 이래 처음으로 결성되는 시기다. 농민이 협동조합을 이해한 상태에서가 아니라 관 주도로 일방적으로 조직된, 말 그대로 관제 농협이었다. 사업이라고 해야 고작 마을 구판장을 운영하고 정부의 업무를 대행하는 수준이었다. 이때 금융 업무는 농협은행이 별도로 수행하였다.

2) 제2단계(1961. 8~1987. 12)

이 시기는 농협이 전적으로 정부의 포육 아래 발전을 이룩한 시기였다. 1961년 5·16쿠데타로 군사정권이 정치, 경제, 사회를 통치하기 시작하면서 농협도 여기에 편승하여 정부의 강력한 지휘 아래 충실한 시녀로 전락하였다. 정부의 농정 업무를 전적으로 대행해주고 그 대가로 받은 포육 자금으로 운영하였다.

3) 제3단계(1988~현재)

이 시기는 1987년 6월 민주항쟁으로 쟁취한 정치 민주화 덕분에 농협의 민주화라는 제도 개혁이 진행된 시기다. 그 결과 농협 조합장, 중앙회장 직선제 선출이라는 발전을 이루었으나 선거 부정으로 많은 농협 지도자가 구속되는 등 불미스러운 사건을 겪어야 했다.

농협 발전 전 과정을 요약하면 농협은 자주적·자치적 연합이라는 아나키즘적 협동조합 이념을 결여한 채 정권의 우산 아래 포육돼왔다고 할 수 있으며 지금도 그러한 상황을 탈피하지 못하고 있다. 따라서 내가 구상하고 제시하는 아나키즘적 협동조합공동체 사회 건설을 기대하기는 매우 곤란하다 하겠다. 이와 같이 구태의연한 한국 농협을 해체하고 농민 조합원을 해방시켜 자유, 자주, 자치적 농민 연합 공동체 협동조합을 탄생시키기 위해서는 아나키즘적 협동조합공동체 사회 건설 운동을 지금 당장 실천에 옮겨야 한다.

전술한 대로 한국 농협의 정체성은 한마디로 정부 포육적 성격이 농후한 농기업체라고 규정할 수 있다. 구성원인 농민 개개인의 자주, 자치적 연합체 성격이 결여되어 있을 뿐 아니라 농협 자체의 이윤 추구에 주력하고 있는 것이 현실이기 때문이다. 법적 절차에 의거해서 농민 조합원이 조합장을 선출하고 조합장들이 모여 중앙회장을 선출하기는 하지만 이러한 방식이 농민 조합원 개개인의 정치, 경제, 사회적 욕구를 충분히 반영하지 못하는 것이 사실이다. 농민 조합원의 협동조합 의식 수준을 거론하는 것은 더더욱 의미가 없다. 협동조합의 이념, 원칙, 역사 등에 대한 조합원 교육이 너무나 형식적이어서 제대로 이념 무장을 한 조합원을 찾아보기 힘든 것이 현실이다. 역대 농협회장을 비롯한 농협 지도자(조합장)들 가운데 농협 이념으로 무장한 사상 운동가가 없었다는 사실도 이러한 현실을 단적으로 보여준다. 다만 농협 초기에 일제 식민지하에서 협동조합 운동을 지도하였던 홍병선 선생이 농협 운동을 지도한 사실이 있으나 그 업적은 큰 의미를 지니지 못한다.

5. 아나키즘적 협동조합공동체 사회 건설 전략

아나키즘적 협동조합공동체의 행동 전략이나 실천 전략은 그 공동체가 무엇을 목적으로 하느냐에 따라 다양하게 나타날 수 있다. 나는 일본에서 성공한 야마기시-가이 농업생산공동체를 모델로 하여 우리나라에서 실천 가능한 아나키즘적 협동조합공동체 실천 전략을 제시하고자 한다.

1) 전략 1

먼저 아나키스트 인재를 육성한다. 어느 사회나 인간으로 구성되어 있다. 그 사회를 발전시키는 것은 헌신적 지도자다. 아나키즘적 협동조합공동체 사회 건설을 위해서는 아나키즘으로 철저히 무장한 지도자가 필요하다. 지도자를 육성하는 기본 수단은 교육이다. 교육을 통해 기본 지식과 소양을 갖추고 현장 연찬으로 경험을 쌓은 지도자를 육성한다.

2) 전략 2

지도자가 확보된 다음에는 아나키즘적 이상 사회를 건설할 지역사회(community)가 있어야 한다. 지역사회는 주민과 환경으로 구성되어 있다. 아나키즘 사회를 건설하기에 적합한 주민과 환경으로 형성된 지역을 발굴하는 것이 필수적일 것이다.

3) 전략 3

지도자와 대상 지역이 결정되었다면 사업에 필요한 자본을 조달해야 할 것이다. 자본 조달 방법은 여러 가지로 고려해볼 수 있을 것이다. 협동조합을 결성하여 출자금으로 조달하는 것이 가장 기본적인 방법일 것이다. 농촌에서는 생산자 협동조합을, 도시에서는 소비자 협동조합을 조직하여 공동으로 사업 자금을 조달할 수도 있을 것이다. 간접적인 방법으로는 정부의 귀농 정착 자금이나 사회적 기업 자금, 일자리 창출 자금 등 각종 정책 자금을 지원받는 방법도 있다. 다만 후자의 경우는 아나키즘 이념에 배치되는 면이 있으나 정체성이 손상되지 않는 선에서 차선의 방법으로 고려해볼 수 있을 것이다.

4) 전략 4

공동체 확장을 위해서 지속적인 교육과 연찬 활동을 계획하고 실천하는 것이다. 모든 대중운동, 이념 사상운동은 교육으로부터 출발하므로 이를 위해 아나키즘 아카데미를 개설하여 필요한 지도자 및 공동체 운동 참여자(동포자)를 확보해야 할 것이다. 이외에도 여러 가지 전략이 있을 수 있고 더 실질적인 전략을 모색해나가야 할 것이다.

6. 끝맺는 말

아나키즘은 인본 사상에 바탕을 두고 자주, 자치, 자유의 3자(參自)적 인간 행복 실현을 추구하는 사상이라고 할 수 있다. 또한 이러한 개개인의 연합적 공동체 건설을 통하여 보다 효과적인 이상 사회를 실현하는 데 궁극적 목표가 있다고 할 수 있다. 이러한 이상적 공동체 사회 또는 협동조합이 역사적으로 출현한 예는 있지만 이 시대에는 찾아보기 힘들다. 이미 '제3의 물결'이 지나가고 '새로운 자본주의'(하트, 2011) 시대가 오고 있다. 물질·기계문명의 시대를 넘어 미래에 어떠한 사회가 나타날지 아무도 예측할 수 없는 시대적 상황에서 인본 중심의 이상 사회, 즉 아나키즘적 협동조합공동체 사회 건설이 절실히 요구되고 있는 것이다.

참고 문헌

구승회 외, 2004, 『한국아나키즘 100년』, 이학사.
기재부 협동조합기획단, 2012, 『협동조합기본법』(2012. 1.)
김삼웅, 2011, 『이회영 평전』, 책보세.
김수중 외, 2002, 『공동체란 무엇인가』, 이학사.
이문창, 2008, 『해방 공간의 아나키스트』, 이학사.
임해수, 1995, 「전문 농협의 기능을 통한 농촌 지역사회 개발에 관한 연구」, 대구대학교 박사 학위논문.
조세현, 2010, 『동아시아 아나키스트의 국제 교류와 연대』, 창비.
크로포트킨, P. A., 2005, 『만물은 서로 돕는다』, 김영범 옮김, 르네상스.
포피노, 올리버·크리스 포피노, 1993, 『세계의 공동체마을들』, 이천우 옮김, 정신세계사.
하승우, 2006, 『세계를 뒤흔든 상호부조론』, 그린비.
하트, 스튜어트 L., 2011, 『새로운 자본주의가 온다』, 정상호 옮김, 럭스미디어.

아나키즘과 노동 소외

김민정

1. 현대사회에서 노동의 의미

과로와 산업재해는 현재 우리가 일하고 있는 노동 현장에서 빼놓을 수 없는 사회문제이다. 과로와 산업재해의 심각성은 증가하고 있는 직장 내 사고에서 나타난다. 한 예로 2011년 건강보험심사평가원에 따르면 2008년에 비해 최근 만성피로증후군의 발병률이 60%나 증가했다. 또한 고용노동부에 따르면 2012년 1월부터 5월 말까지 누계 기준으로 업무상 사고와 질병으로 인한 사망자 수는 870명으로, 작년 같은 기간보다 1.8% 증가했다. 특히 업무상 사고 사망자 수는 564명으로 전년 동기 대비 12.6% 급증했다. 그리고 노동자 1만 명당 재해 사망자 수를 나타내는 업무상 사고 사망인율은 0.40으로 지난해 같은 기간보다 14.3%나 증가했다.

고용노동부는 2011년 말 안심일터추진본부를 만들어 노동 현장의 안전 문화 확산과 재해 줄이기, 제도 개선, 재해 예방 사업을 운영했다. 하지만 2012년 산업재해에 관한 통계는 정부의 안심일터 사업이 무용지물임을 입증해주었다. 이러한 국가 제도 및 정책의 실패는 노동 현장의 상황을 침울하고 암울하게 만든다.

현대사회에서 노동은 자아실현의 통로이기도 하지만 그 이면에는 스트레스와 고통, 짜증, 비민주성 등이 존재한다. 실업자가 되면 사회적인 활동으로부터 고립되기 쉽기 때문에 사회적인 인격 발달이 저해되고 개인적으로도 내적인 갈등을 심하게 겪게 된다. 현대사회에서 실업은 생활 수단을 가지고 있지 않다면 경제적인 사형선고인 동시에 사회적 고립감을 낳는다. 이런 점으로 인해 사람들은 사표를 쉽게 내던질 수 없는 현실적 조건에 놓여 있다. 또한 월요병이 생기고 금요병이 있다는 것은 노동과 여가가 극명하게 분리되었음을 보여주는 명백한 증거이다.

대다수 사람이 직장에서 보내는 하루 8시간 이상의 노동시간은 비민주적인 요소와 권위 구조와 더 깊은 친화성을 갖는다. 노동시간은 자신이 자유롭게 결정할 수 있는 여가와 구별되는, 개인의 자유가 침해받는 시간이다. 노동자는 업무와 관계없는 일을 근무시간에 하는지, 근무지를 이탈하는지, 출퇴근 시간을 정확하게 지키는지, 성과를 얼마나 올리는지, 무엇보다 명령을 잘 수행하고 있는지를 끊임없이 감시받는다.

대다수 사람은 경제와 정치 영역에서 항상 수동성을 강요받고 살고 있다. 우리는 이미 짜여 있는 선택의 틀 안에서 제한된 선택을 한다. 이미 성립된 사회구조에 대해 문제 제기를 할 수 없게끔

구성된 기존 정책은 끊임없이 대중을 수동적인 행위자로 만든다.

직장에서 극명하게 나타나는 것처럼 사회 자체가 강압적인 권위에 짓눌러 있다. 아나키즘은 모든 사회적 위계질서를 배격하는 사상이다. 그렇기 때문에 아나키즘은 사람들에게 매력적으로 다가온다. 누구나 한번쯤은 단번에 현존 체제의 권위를 날려버리고 싶다는 생각을 해본 적이 있다. 이런 점에서 국가와 자본의 강력한 권위 구조 속에서 살아가고 있는 우리는 소박한 '자생적인' 아나키스트적 반란을 품고 살아간다.

안상헌(2009)은 21세기에 들어 아나키즘은 "르네상스" 시대를 맞이하고 있다고 주장한다. 그는 아나키즘 르네상스의 직접적인 계기가 첫째, 소련을 비롯한 (스탈린주의) 사회주의의 몰락과 둘째, 신자유주의적 자본주의의 세계화라고 주장한다. 오늘날의 아나키즘은 '현존했던 (스탈린적) 사회주의'와 '현존하는 자유주의'의 딜레마를 해결하기 위해 등장한 새로운 형태의 대안적 운동 이념이라고 볼 수 있다는 것이다. 그는 아나키즘운동의 흐름을 1) 19세기에 형성되어 20세기까지 전승되어온 '고전적' 혹은 '전통적 아나키즘운동', 2) 1960년대에 새롭게 등장한 '문화적 아나키즘운동', 3) 소련 및 동구권의 패망 이후 등장한 '새로운 아나키즘운동'과 '포스트-아나키즘운동'으로 구분한다. 이러한 다양한 흐름의 최대 공약수는 "국가, 정당, 정부를 비롯한 일체의 수직적 위계질서와 권위주의적 조직의 지배와 명령을 거부하고 오로지 개인의 자발적 의사에 따라 자유롭게 살 수 있는 자율적인 공동체 사회를 건설하기 위한 일체의 이론적·실천적 활동"이다.

2. 아나키즘적 노동의 가치

자본과 중독 사이에는 일정한 관계가 형성된다. "자본주의 체제는 중독을 조장할 뿐만 아니라 중독 자체를 먹고 산다. 자본주의 체제 자체가 본질적으로 중독의 체계이다. 중독 체계로서 자본은 욕망을 만들어내고 재생산한다. 그것도 원칙적으로 보면 무한정으로, 왜냐하면 바로 이 무한성이 자본의 본질이기 때문이다. 그리고 동시에 자본은 사람들에게 그 진정한 내면의 욕구 충족이 아니라 대리 만족을 시켜줄 만한 수단을 만들어낸다."(하이데, 2000) 노동 중독의 일시적 탈출구로 알코올, 담배, 약물 중독 등이 더욱 증가하게 된다. 노암 촘스키 역시 임금노동이 인간의 자유를 억압하고 있음을 지적한다. "인간은 권위적 제도의 지배를 받아서는 안 된다. 인간은 자신을 파괴하는 노동의 분화나 노예제의 한 형태인 임금노동에 종속돼서는 안 된다. 인간은 무엇보다도 자유로워야 한다."

현대사회의 특징 중의 하나인 일중독에서 벗어나려는 시도로 게으름에 대한 찬양, 모두 일하되 조금씩 일하기, 노마디즘적 삶, 지역공동체 혹은 소농 공동체 등이 있다. 이러한 다양한 흐름 속에서 아나키즘은 사상적 기반을 제공해주고 있다.

『노동 사회에서 벗어나기』에서 홀거 하이데는 위계질서 파괴, 책임의 분권화, 대화, 중재, 중립적인 자치 조직 등의 용어로 대변되는 이른바 새로운 패러다임의 전환을 요구한다. 20세기 전반기의 아나키적 코뮌에서부터 과학적 사회주의, 개혁주의, 다양한 문화 결사체에 이르기까지 다양한 조류의 집단적 행동은 자발적 행위를 통해 스스로 체제의 논리에서 벗어나고자 했다. 아나키즘은 복종과 순종을 강요하는 국가나 자본의 폭력에 저항하여 자율과 자치, 자급의 삶을 대안으로 제시한다. 프루동은 노동의 상호성을 대안으로 제시하면서 다양한 협동조합 모델을 제시했다. 그리고 크로포트킨은 전통적인 농민 공동체를 회복하는 모델로 협동조합을 주목했다.

바쿠닌은 『아나키즘의 사회·경제적 기초』에서 노동과 대안 사회의 상을 다음과 같이 제시한다. 노동이 일반적 가치와 효용과 부의 유일한 근원이기 때문에 사회적 존재인 인간은 살기 위해서 일을 해야만 한다. 연합된 노동, 즉 상호성과 협력의 원칙 아래 조직된 노동만이 대규모의 문명사회를 유지시키는 과업을 담당할 수 있다. 하지만 지금까지의 정치사회적 특권의 기초는 강한 국가, 계급, 개인의 이익을 위해 조직된 노동의 착취와 노예화이다. 급진적이고 완전한 경제적 해방을 이루기 위해 노동자는 모든 제도와 더불어 국가의 완전한 폐지를 요구해야만 한다. 바쿠닌이 구상한 미래 사회는 자연적이고 본능적인 연대를 기초로 구성원의 절대적 자유가 허용되는 소규모 자치 코뮌이다. 아래로부터의 노동자의 자유로운 연합이나 협의회에 의해 처음에는 연합체를, 그다음에는 공동체를, 그다음에는 지역체를 그리고 마지막에는 범국가적 보편적 협의체를 구성하는 것이다.

또 다른 예로 하승우(2008)는 크로포트킨의 상호부조론의 이론적 기반은 협력과 연대의 가치와 사회적 권위에 저항하는 것으로,

소규모 공동체가 아나키즘의 지향이며 이것은 생협이나 지역공동체의 정신으로 나타나고 있다고 주장한다. 역사적인 발전 과정을 거치면서 협동조합 운동은 자발적이고 열린 조합원 제도, 조합의 민주적인 운영 및 관리, 조합의 경제적 참여, 협동조합의 자치와 자립, 협동조합 간의 협동, 지역사회에 대한 기여라는 기본 원칙을 확립했다.

어떤 외부의 압력과 권위에도 굴하지 않고 자신이 원하는 대로 살 자유, 그 자유는 인간의 본능에 기반하고 있는 것으로 아나키즘의 핵심이다. "인간의 존엄성과 책임감을 내세우는 주장"인 동시에 "정치 변혁 프로그램이 아니라 사회적 자기 결정 행동"이다. 자기 삶에 대한 결정권 회복, 자립(self-reliance), 자기 노동에 대한 직접적 통제권 확보, 지속 가능한 노동을 통한 지속 가능한 사회 등이 아나키즘에서 원하는 사회에 녹아 있는 핵심 가치이다.

3. 노동 소외 현상

인간소외란 기본적으로 개개인의 자율적인 '통제력이 상실'되는 것을 뜻한다. 개개인의 자율적인 통제력이 외부 세력에게 이전되어 개인 스스로의 목표와 의도는 무시되고 개인은 외부 세력의 결정에 종속되는 것이다. 소외는 의식주를 비롯한 물질적 생산에서 비물질적 생산인 예술 창작에 이르기까지 모든 인간 활동에 영향을 미친다. 이는 소외가 단지 감정이나 의식의 문제가 아니라 물질적·경제적 사실이라는 것을 보여준다.

노동자는 자신의 손으로 만든 생산물을 직접적으로 소유하지도 통제하지도 못한다. 노동은 노동자 자신의 것이 아니라 타인의 것이고 노동할 때 그는 자신이 아니라 다른 사람의 지배를 받는다. 노동자가 더 열심히 일하고 더 많이 생산할수록 그는 낯설고 적대적인 세계의 힘인 소외를 강화시킨다. 자본주의는 노동력을 착취할 뿐 아니라 인간 노동을 대상화·상품화하며 생산과정에서 노동자의 능동적 참여를 배제함으로써 인간 삶의 소외를 낳는다. 인간 노동으로 창조된 모든 대상은 판매 가능한 상품이 되며 결국 모든 인간관계가 사물화된다. 그에 따라 상품 만능주의가 우리 삶의 모든 영역을 지배하게 된다.

역사적으로 창조된 자본주의 체제'만'의 상대적 조건들이 '절대화'된다. 절대적 조건의 핵심 요소는 사유재산과 시장 통제하의 교환 행위, 사회구조적인 위계, 노동 분업, 현대 국가의 절대화 등이다. 이러한 요소들은 실질적 노동 소외 과정을 통해 자본 확대가 사회적 생산을 규제하고 다른 모든 것을 종속시키는 가장 중요한 원칙이 된다.

소외는 실질적 사회 과정이기 때문에 오직 급진적이고 실천적인 대안만이 노동의 소외를 극복할 수 있다. 이런 의미에서 기존의 노동 생산관계의 변혁을 주장하는 아나키즘의 코뮌은 임금 인상과 노동조건의 개선, 사회복지의 향상, 의회를 통한 개혁주의보다 급진적인 요소를 포함하고 있다. 노동조건의 개선은 기존의 사회관계의 개선 외에는 아무것도 아니며 노동의 진정한 자기 통제적 품위를 가져다주지는 않는다. 이런 점에서 체제에 충격을 주는 일은 체제를 변혁하는 것보다 쉬운 일이다. 그에 반해 아나키즘에서 제시하는 협동적 공동체론은 기존의 사회관계와 단절하고 질적으로 새로운 사회관계를 제시한다는 면에서 노동 소외를 '근본적'으로 극복할 수 있다.

그런데 왜 사람들은 아나키즘의 삶을 동경의 대상으로 '만' 바라보는가? 아나키즘의 삶을 살기를 주저하는 이유가 단지 사람들의 의지 부족 및 주체성 부족 때문이 아니라 아나키즘의 대안 그 자체의 문제가 아닌지를 살펴보고, 아나키즘의 대안이 '현실성'을 갖기 위해 필요한 것은 무엇인가를 고민해보자.

다양한 인간이 존재하는 것만큼이나 아나키즘의 조류는 다양하다. 그렇지만 그들이 추구하는 대안은 공통적으로 자본주의 체제와 독립된 생산 단위체를 건설하는 것이다. 바쿠닌은 대규모 생산 조직을 반대하는 지방분권적인 생산조합의 자유로운 결성과, 탈퇴의 권리와 완전한 개인적 자유를 보장하는 소규모 자치적 코뮌의 자유연합(free federation of small self-governing communes)을 주장했다. 이는 이후 아나키즘에서도 찾아볼 수 있는 주된 흐름이다.

소규모 자치적 코뮌을 현실화하기 위해서 우리는 소규모 자치 공동체 결성에 참여해야 한다. 그러기 위해서는 기존의 사회관계와의 단절 혹은 거리 두기를 위한 개개인의 결단 및 의지가 필요하다. 인간은 사회관계의 일원이다. 그런데 이러한 사회관계와 '일정 정도' 거리를 두는 것은 웬만한 개인적 결단 '만'으로는 부족하다. 도시 생활이나 직장 생활에서 벗어나고 싶을 때 누구나 한

번쯤은 귀농이나 생태공동체의 삶을 꿈꾸지만 정작 실행하려면 고려해야 할 사항이 많다. 그만큼 우리의 삶은 현행 사회제도 및 인간관계 등과 많은 부분이 거미줄처럼 얽혀 있다.

도시와 직장을 떠나기도 쉽지 않을뿐더러 설령 생태공동체로 들어간다 한들 낭만과 평화의 전원생활은 외부 요인에 의해 침해받기 쉽다. 단적인 예로 대규모 국가 개발 사업과 도로 공사 등으로 생태공동체의 공간은 몸살을 앓는다. 그리고 전 지구적인 기후변화와 핵발전소 사고와 같은 환경 사고는 생태공동체 마을을 공격한다. 또한 생태공동체에서 생활하고 교육받은 학생이 상위 교육을 받기 위해 다시 기존의 사회관계로 진입하게 될 때 겪을 진통도 간과할 수 없다. 한 예로 대안 학교에서 교사와 학생 간의 자유로운 토론 위주의 수업을 했던 학생이 명문대에 들어간 후에 정작 대학 생활은 실망스러웠음을 고백했다. "학생들이 수업 듣고 나면 뿔뿔이 흩어지고 말아요. 같이 모여 있더라도 무거운 얘기는 서로 부담스러워 하는 분위기였습니다."(『경향신문』, 2011. 7. 14) 이것이 바로 무한 경쟁을 강요하는 사회의 모습이다. 학부 시절에는 원하는 학과에 진입하기 위해 경쟁하고 전공 선택 이후에는 취업 준비를 위해 다른 것을 할 여유가 없다. 이러한 대학 사회의 구조 속에서 대안 학교 출신 학생도 자유로울 수만은 없다.

자본주의사회에서 벗어나 대안적 공동체 삶을 선택하기에는 인간은 너무나도 사회적 동물이고, 생태공동체 공간도 자본주의사회 속에 존재하는 것이지 무균실에 존재하는 것이 아니다. 그렇기 때문에 생태공동체가 자본주의의 영향에서 일정 정도 벗어났다고 보기에는 국가와 자본의 영향력이 너무나도 강력하다.

이러한 문제의식은 다음과 같은 질문으로 이어진다. 독립적 생산 단위 체제는 자본주의의 중앙 집중화된 상품경제체제의 돌파구가 될 수 있는가? 대안적 공동체는 기존의 강력한 자본적 생산 영역의 해체 그 자체라기보다는 주류 사회관계에서 약간은 고립되고 독립된 영역을 구축하여 공동체 구성원들의 행복을 추구하는 측면이 강하다. 대안 교육을 받은 학생은 결국 자본주의적 사회법칙이 지배하는 사회에서 생활하게 될 것이다. 이들이 대안 교육을 받았다고 해서 기존 사회를 벗어나 대안 사회에서 살 수는 없을 것이다. 대안 교육은 장기적으로는 대안 사회를 만드는 통로 역할을 할 수 있겠지만 이러한 방법만으로는 기존 사회를 벗어날 수는 없다. 이런 점에서 아나키즘은 좀 더 적극적으로 기존 사회와 맞서 싸워야 한다.

무엇보다 대안 공동체가 기존의 강력한 사회관계를 위협하지 않는 방식으로 운영된다면 현행 자본주의사회와 대안 공동체는 서로 공생 관계를 맺을 수도 있다. 예를 들면 대형 기업의 이윤 추구 방식에 생협이 위협적이지 않을 때에는 양자가 공존할 수 있을 가능성이 크다. 이러한 상황은 우리나라 생협이 성장하게 된 사회적 배경이다. 하지만 날로 심각해져가는 저질 먹거리 안전사고 등으로 소비자가 저농약 및 유기농 제품을 선호하고 유기농 제품 판매가 급증하자 대형 기업 및 유통업자는 유기농 코너를 신설해 기존 유기농 생협의 잠재적 소비자를 가로채고 있다. 대형 기업이 생협을 경쟁 상대로 인식하기 시작하면 생협은 살아남기 힘들다는 것이 바로 시장의 법칙이다. 이러한 시장의 강력한 법칙을 무너뜨리기에는 소규모 대안 공동체는 너무 작고 무기력하다.

4. 대안 모색하기

지배 권력 구조에 맞선 틈새 전략은 지배 권력의 영향력에 따라 좌우되기 쉽다. 그렇기 때문에 지배 권력에 대항하기 위해서는 틈새 전략이 아닌 맞불 전략이 필요하다. 자본주의의 권위적인 대규모 중앙 집중적 방식은 민주적인 중앙 집중적 협동 방식으로 이행이 가능하다. 중앙 집중적 방식이라고 해서 모두가 권위적이고 비민주적일 필요는 없다. 또한 소규모 방식이라고 해서 모두가 민주적이고 자율적인 것은 아니다. 문제는 규모가 아니라 누가 어떤 목적을 가지고 조직을 통제하는가이다. 조직의 통제 방식을 결정하는 핵심 중 하나로 민주적 중앙 집중제는 민주적 토론 및 논쟁에 따른 정책 결정을 모든 회원의 행동 통일과 결합시키는 조직 원리이다.

우리가 살고 있는 사회는 국제 분업 조직이다. 이런 체제를 변혁하려면 진 지구적 수준에서 대항할 수 있는 조직이 필요하다. 우리는 세계적 흐름 속에서 지역적 수준을 파악해야 한다. 효과적인 조직 연결망과 조직적 조율이 필요하다. 사회운동의 중앙 집중주의의 필요성은 자본주의사회가 세계적 차원의 국제 분업에 기반하고 있다는 데서 비롯된 것이다.

자본의 권력은 중앙 집중적이다. 대기업에서 내려진 결정은 위에서 아래로, 기업 소유주나 이사회에서 말단 사원에게로 전달되고 군사적 규율과 유사한 형태로 진행된다. 이런 자본의 권력에 맞서 자신의 권리를 지키려면 대중이 서로 힘을 합치고 함께 행동하는 것 말고는 달리 방안이 없다. 이런 점에서 아나키즘적 소규모 대안 공동체는 연대하여 민주적인 중앙 집중적 방식으로 조직될 필요가 있다.

낭만적이거나 유토피아적인 방식만으로는 우리가 원하는 대안 사회를 실현할 수 없다. 대안 사회로 가기 위한 방법을 아나키즘은 좀 더 '현실적'으로 고민해야 한다. 이는 기존의 권위적인 위계질서를 수용하자는 것이 아니라 기존 체제에 도전하기 위해 우리의 방식 또한 현실적이어야 한다는 것이다. 아나키즘의 대안이 소규모를 지향하면 할수록 아나키즘적 대안에는 동의하나 실천을 함께하지 못하는 대중만을 만날 뿐이다. 목구멍이 포도청인 노동자는 소규모 공동체의 삶을 동경하나 육체는 권위적인 작업장에 존재할 뿐이다. 이들에게 필요한 것은 삶의 휴식처가 되어줄 소규모 공동체가 아니라 우리 삶 전체를 바꿀 수 있는 계획이다. 아나키즘에 필요한 것은 대중이 함께 참여할 수 있는 현실적 방안이다. 현실적 방안은 몇몇 소수 집단이 제안하는 방식이 아니라, 아래로부터 대중의 집단적 힘이 발휘될 수 있는 방식이 될 것이다.

기득권의 사회질서의 틈새에서 새로운 사회질서를 꿈꾸는 것이 아니라 기득권의 사회질서를 새로운 사회질서로 변혁하는 것이 바로 아나키즘의 이상을 실현하는 것이다. 아나키즘의 이상은 인간이 공동체 안에서 모든 권위와 억압으로부터 벗어나 자유로운 삶을 영위할 수 있는 다양한 가능성을 제시해준다는 점에서 매력적이다. 하지만 이러한 이상의 실현은 의지와 결단, 특히 소수의 행동 결단'만'으로는 부족하다. 아나키즘은 이 사회가 운영되는 방식의 물질적 조건과 변화의 조건에 주목해야 한다.

맑스주의가 아나키즘과 다른 점은 궁극적인 목표가 아니라, 어떻게 하면 그 목표를 성취할 수 있는가, 즉 어떻게 하면 사회를 변화시킬 수 있는가를 고민한다는 점이다. 맑스주의와 아나키즘의 불일치는 착취와 억압의 근본 원인을 다르게 보는 데서 생긴다. 아나키즘은 그 원인이 권력 그 자체와 갖가지 형태의 권력—국가권력, 정당과 조합의 권력 및 모든 다른 종류의 권위나 지도부—에 있다고 본다. 계급 구별이나 그 밖의 모든 불평등의 억압이 생기는 것은 권력과 권위가 존재하기 때문이다. 그러므로 아나키즘의 전략은 권력과 권위를 표현하는 모든 것, 이 가운데 특히 모든 국가권력을 강력하게 비난하고 거부하는 것이다. 그 대신 역으로 개인의 완전한 자유, 대중의 순전히 자발적인 반란을 제시한다. 이렇듯 아나키즘은 본질적으로 도덕적인 입장이다. 아나키즘은 아나키즘이 반대하는 것들이 어떻게 생겨났는지 혹은 왜 과거 어느 때가 아니라 지금 그것들을 제거하는 것이 가능한지에 대한 역사적 분석을 하지 않는다. 아나키즘은 단지 '악'을 비난하고 '선'을 위해 싸운다.

반면 맑스주의는 권력 및 국가를 근본적인 문제로 보지 않는다. 국가의 출현은 사회가 적대적 계급들로 분화된 결과물이다. 이는 다시 일정한 단계에 이른 생산력 발전의 결과로서 설명된다. 그러므로 중심 문제는 계급의 폐지이다. 이를 위해 조직과 지도력 그리고 물리적 행사, 즉 대규모 시위에서 시작해 반혁명에 대항해 싸우기 위한 민중 자신의 국가를 건설하는 것까지가 필요하다.

국가 폐지를 목표로 하는 아나키즘의 이상은 국가 거부의 방식을 통해 성공할 수 있을까? 사회운동이 소규모일 때에는 국가의 문제는 중요하지 않을 수 있으나 운동이 커지면 커질수록 국가는 전면에 나설 것이고 이러할 경우 우리는 국가의 문제를 적극적으로 고민해야 한다. 민중적 저항운동이 불가피하게 맞닥뜨릴 수밖에 없는 것이 국가이다. 개혁주의자의 주장처럼 점진적으로 국가의 성격을 변화시키는 국가 개혁을 원하는 것이 아니다. 아래로부터 자발적으로 민중이 국가를 장악함으로써 궁극적으로 국가를 폐지해야 하는 것이다.

1871년 파리코뮌이 수립되기 전 시청을 점거한 바쿠닌은 국가 폐지를 선포했다. 하지만 민중은 파리코뮌을 통해 그들 스스로 권력을 장악해 해방구를 찾고자 했다. 비록 그러한 시도는 국가권력에 의해 잔인하게 짓밟혔지만 민중은 그들 스스로 기존의 국가권력을 폐지하기를 희망했던 것이다. 역사에서 교훈을 얻을 수 있는 것처럼 국가 폐지는 몇 사람의 선포로는 불가능하다. 중앙 집중적으로 강력하게 무장하고 있는 국가권력에 맞서 국가를 폐지할 수 있는 것은 중앙 집중적인 민중 권력뿐이라고 해도 과언이 아닐 것이다.

결론적으로 국가와 자본의 억압에서 벗어나 노동의 자유성을 확보하기 위해서는 국가권력 폐지를 통해 자본주의에서 벗어나야 한다. 이것이 바로 현대인이 노동의 소외로부터 벗어나는 길이다.

참고 문헌

『경향신문』, 2011. 7. 14.
안상헌, 2009, 「아나키즘 르네상스」, 크로포트킨, 『아나키즘』, 백용식 옮김, 개신.
하승우, 2008, 『아나키즘』, 책세상.
하이데, 홀거, 2000, 『노동 사회에서 벗어나기』, 강수돌 외 3인 옮김, 박종철 출판사.

일상, 21세기 한국과 아나키즘

강효숙

1. 일상과 아나키즘

우선, 다른 필자들과는 달리 아나키즘 연구자가 아닌, 아나키즘에 관심을 갖고 있는 일반인의 한 사람으로서 이 글을 쓴다는 것을 고백하고 시작하고자 한다. 그리고 이 글을 통해 지금 이 시기에 왜 아나키즘인가에 대해 생각해보고자 한다.

언제부터인지는 확실히 모르지만 나는 모두가 평등하게 자유와 평화를 누릴 권리가 있다는 생각을 하게 되었다. 아마도 초등학교 5·6학년 시기 담임교사의 교사, 담임이라는 권위를 이용한 순화되지 않은 지독한 말투와 차별적인 체벌 행위에 대해 비판 의식이 싹트면서부터가 아니었나 생각된다. 중학교 시절에는 고등학교 선배들 틈에 끼어 참석했던 고향 사찰의 룸비니 모임에서 자비라는 용어에 대해 의문을 품기 시작하면서 그에 대한 고민은 더

커져갔다. 자비, 분명 이것은 있는 자의 입장에서 없는 자에게 베푸는 행위로, 물질적이건 정신적이건 가진 자가 위에서 아래를 내려다보면서 시혜하는 것이다. 평등한 입장에서 이루어지는 것이 아니다. 불교 역시 종교적 신분 내지 계급, 계층의 차이를 극복하지 못했다고 생각하였기 때문이다(그러나 나는 지금도 여전히 사찰을 다니고 있고 어떤 서류가 되었건 종교란에는 불교라고 쓴다. 불교의 경우 자신의 언행은 스스로 책임을 져야 한다고 말하는 부분이 마음에 들었기 때문이다. 스스로 책임을 진다는 것은 무척이나 힘든 일이지만 이것마저 없다면 삶이 자신의 삶이 아닌 남의 삶이 되어버리고 말 것이다).

1960년대 초반에 출생한 나는 7·80년대 민주화운동 속에서 성장하였다. 하지만 80년대에 들어서기 전까지 나는 사실상 정부 정책에 순응하는 모범적인 성장 과정을 거쳤다. 정부가 통제하는 뉴스와 소문으로 전해지는 이야기 사이에서 진실을 분간하지 못하는 혼돈의 시기를 거쳐, 1980년에 발생한 광주 민주화운동은 엄청난 충격으로 다가왔다. 나는 다시 모두가 억압받지 않고 평등하고 자유롭게 살 수 있는 권리에 대해 생각하기 시작하였다. 그러나 그것은 이론 공부나 활동이 아닌 지극히 개인적인 생각에 머문 것이었다.

그로부터 오랜 세월이 지나 우연한 기회에 나는 일제강점기에 아나키즘운동을 통해 항일운동을 전개하고자 했던 몇 인물을 자료 속에서 만나게 되었고, 그들의 사상을 접하게 되면서, 내 자신이 오래전부터 품어온, 모두가 자유롭고 평등해야 한다는 생각이 일부 아나키즘과 일치한다는 사실을 발견하게 되었다. 그리고 자유와 평등이라는 것이 권위로부터의 자유와 평등이라는 것을 확실하게 깨닫게 되었다. "권위로부터의 자유와 평등", 이 말은 나를 감동시켰고 전율하게 만들었다.

사람들은 일상 속에서 많은 생각을 하고, 그 생각들을 통해 무엇인가를 추구한다. 그러한 수많은 생각 중의 하나가 아나키즘이다. 특히 상호부조의 공생과 권위로부터의 자유와 평등을 추구한다는 점에서 아나키즘은 일반인의 가장 일상적인 생각 중 하나라고 볼 수도 있을 것이다. 또한 이와 같은 생각(=아나키즘)은 인류의 발생과 더불어 생겨난 인류 최고(最古)의 생각(=사상) 중 하나이다. 고대 인류는 모두가 힘을 합쳐 먹을 것을 채집하거나 사냥하였고 함께 나누어 먹으면서 공생을 도모하였으며, 신분계급이 발생함과 동시에 계급으로부터의 해방을 추구하는 움직임이 나타나기도 하였다. 이러한 생각은 지금도 인류의 삶 깊숙이 뿌리를 내리고 있어 문명의 이기에 지칠 때면 인류는 더욱더 상호부조의 공생과 권위로부터의 자유와 평등을 추구하고자 하며, 여기에는 자연 친화적인 요소가 동반된다.

아나키즘은 시대의 변천과 함께, 다른 주의보다 다양한 성격을 띠면서 변화해왔다. 따라서 일부 아나키즘 연구자는 아나키즘은 각 아나키스트에 따라 다른 성격을 지니고 있어 한마디로 정의할 수 없다고 평하기도 한다. 그러나 모든 아나키즘의 공통분모로 존재하는 것은 상호부조하며 인간을 억압하는 어떠한 권위주의에도 저항한다는 것이다. 바꾸어 말하면 자신의 자유와 권리를 존중하기 때문에 다른 사람들의 자유나 권리 역시 똑같이 보장되어야 하며 이는 상호부조를 통하여 이루어진다는 것이다.

아나키즘은 19세기에 들어서 프랑스의 프루동에 의해 시작되어 정치적 아나키즘으로 칭해지면서 근대사상의 일부로 유럽, 아시아 등으로 퍼져나갔다. 아나키즘은 유럽의 노동운동을 주도하였다. 그러나 제1인터내셔널에서 미하일 바쿠닌이 프롤레타리아독재를 주창하는 권위파의 칼 맑스에 반대하여 대립하자 맑스는 바쿠닌과 그를 지지하는 인터내셔널의 각 지부를 결국 제명하고 말았다. 이에 바쿠닌은 아나키스트의 인터내셔널을 만들어갔다. 이후 아나키즘은 바쿠닌의 영향을 강하게 받은 이탈리아에서 자리를 잡았으며, 러시아, 스페인 등으로 퍼져갔다. 러시아 10월 혁명 후, 공산주의 정권의 독재에 반기를 들었던 크론슈타트 군항 수병들의 운동, 우크라이나의 마프노 운동, 스페인 내전 당시 아나르코 생디칼리즘을 주장한 노조 운동 등은 모두 정치적, 군사적, 경제적 권위에 저항한 운동이었다.

이후는 그야말로 제국주의 시기로 식민지 지배 체제하에 있던 수많은 나라가 국가, 민족이라는 이름으로 제국주의의 권위에 맞서 해방과 독립운동을 활발하게 전개하였다. 한국에서의 아나키즘은 이론적 연구보다는 아나키즘운동을 통한 실천적 독립운동으로 나타났다. 이러한 양상은 다른 식민지 국가보다 훨씬 강하게 나타났는데, 당시 한국의 상황에 대한 한국인들의 요구가 반영된 자연스러운 결과라고 볼 수 있다. 이 시기의 아나키즘을 사회주의적 아나키즘이라 칭한다. 이 외에도 개인주의적 아나키즘이 있고 1960년대 이후에는 친환경적 아나키즘이 새로이 등장하였다. 이처럼 각 시대마다 일반인들의 요구를 반영하는 아나키즘이 수없이 존재해왔다.

2. 지금, 왜 아나키즘인가

유럽의 경우 1960년대에 아나키즘에 대해 다시 생각하고자 하는 움직임이 나타났다. 이러한 움직임은 대체로 친환경 생태주의, 자유·상호부조에 기초한 공동체주의로 집약되었으며, 소규모의 공동체 생활, 최소의 소비를 통한 환경 친화 실현 등의 실천적 운동이 중심을 이루었다. 이는, 산업 발전과 더불어 발생한 자본축적의 편중과 이에 따른 모순과 착취와 수탈로 생존을 위협 받는 노동자, 중소 자영업자, 농민 등의 문제를 해결하고자 했던 바쿠닌, 노동자의 협동주의적 상호부조를 주장했던 크로포트킨, 물질만능주의에 대한 반작용으로 종교적 박애주의를 주장한 톨스토이 등 19세기의 아나키스트들이 이미 제시한 내용들이었다. 19세기 아나키즘의 부활은 이후 에코 아나키즘으로 발전하여 현재 유럽, 미국, 일본, 호주 등에서는 중요한 아나키즘으로 자리 잡았다.

한편 이론적으로는 가장 일반인을 위한 주의이자 사상으로 인식되었던 사회주의(공산주의)는 성립 초기부터 권위주의적인 프롤레타리아독재 체제를 형성하여 사회주의의 기본 신념에서 벗어나 있었고, 점차 독재적인 관료주의로 변질되어갔다. 1970년대에 사회주의는 자본주의와 새로운 과학기술과 산업면에서 경쟁하게 되었는데, 이는 이미 사회주의가 자본주의적 경향을 띠게 된 것을 의미하며, 사회주의가 자본주의에 뒤지게 되는 결과를 낳았다. 결국 1989년 베를린장벽의 붕괴를 시작으로 1992년 구소련 체제가 붕괴하면서 사회주의는 무너졌다.

이후 자본주의, 무엇보다도 신자유주의가 유행처럼 번졌다. 한국의 경우 글로벌리즘(Globalism)이라는 이름하에 급격하게 미국 자본주의의 물결에 휩싸여 물질만능주의, 돈만을 추구하는 자본주의에 빠져들었고 지금도 벗어나지 못하고 있는 상황이다. 통화 단일화로 시작된 유로존의 경제 위기는 2008년 10월 미국 발 금융 위기로 연결되었고 또다시 그리스 등의 경제 위기, 미국과 일본 정부의 디볼트(Default, 채무불이행) 소문 등으로 이어져, 오늘날 자본주의는 크게 흔들리고 있다. 미국 중심의 자본주의를 대표해온 다보스 포럼은 2012년 1월의 포럼에서 흔들리는 자본주의라는 표현을 사용하여 자본주의를 비판하기에 이르렀다. 일부는 자본주의가 붕괴하고 있다고까지 평하였다. 2013년 1월 8일에는 "글로벌 리스크 2013"을 통하여 소득 격차와 정부 재정 적자가 향후 10년간 세계경제의 최대 위협이 될 것이라고 발표하며 자본주의의 위기 발생과 그에 대한 대비를 강조하기도 하였다. 사회주의보다 우월하다고 주장해온 자본주의가 약 25년의 세월 속에 이미 붕괴하기 시작하여 현재 심하게 흔들리고 있는 것이다.

이상의 현상은, 사회주의는 관료를 위해서, 그리고 자본주의는 일부 자본가를 위해서 존재해왔다는 것을 반증해주고 있다. 따라서 이제는 일부 관료 계급이나 자본가만을 위한 사상이 아니라 일반인을 위한 사상이 자연스럽게 요구되고 있다. 사회주의의 붕괴와 자본주의의 흔들림은 자연스럽게 에코 아나키즘을 바탕으로 한 상호부조의 공생과 친환경적 아나키즘을 요구하고 있는 것이다. 이러한 요구는 일상생활과 매우 밀접하게 관련되어 있다.

테크놀로지의 발전은 오래전부터 국가, 민족, 종교, 주의 등을 넘어 경계 없는 지구촌을 만들었다. 지구촌이란 특히 인터넷의 발전으로 지구적 차원의 소통이 가능해지면서 생겨난 단어이다. "촌"이라는 단어는 오손도손 사이좋게 사는 자그마한 마을을 연상케 하는데, 아나키즘의 이미지에 잘 어울리는 단어이기도 하다. 지구촌에서 발생하는 수많은 정치·사회·경제적인 문제는 어느 한 국가나 민족, 종교 등에 한정되지 않는다. 인터넷의 발달은 발생하는 문제를 지구촌 구석구석에 알려 지구촌의 모두가 더불어 고민하고 방법을 찾아내어 해결할 수 있도록 도와주고 있으며, 이것은 자연스럽게 지구촌의 연대를 유도하고 있다. 한편 경계를 유지·강화하고자 하는 일부 신분 및 계급, 계층의 권위주의가 이러한 연대를 강하게 방해하고 있기도 하다.

아나키즘은 반(反)권위주의적이며, 현실 속에서 안주하거나 타협하지 않는다. 일상적인 삶 속에서 가장 원하는 바를 실현하고자 하는 실천적인 성격을 띠고 있다. 어느 아나키스트는 말하였다. 아나키즘은 자유로운 공동체 안에서 함께 살아가는 사람들의 자유 연대의 상태라고. 21세기는 인터넷의 발달과 함께 경계 없는 지구촌을 형성해가면서 더욱 자유롭고 반권위주의적인 사회를 향해 나아가고 있다. 이러한 경향은 19세기의 전통적 아나키즘과 상통하는 것으로 앞으로 더욱 강해질 것이다.

3. 21세기 한국과 지구촌 연대

한국에서는 수년째 웰빙(Well Being) 운동이 크게 일고 있다. 웰빙이란 단순히 사전적 의미로만 살펴본다면 몸, 마음의 편안함을 추구하는 태도나 행동을 뜻하지만, 한국의 웰빙 운동은 친환경 아나키즘의 또 다른 형태이다. 즉 자본주의 지향에서 탈출하여 인간성을 회복하고자 하는 움직임의 시작으로 볼 수 있다. 인간성을 상실한 '빨리, 빨리'와 '괜찮아, 괜찮아'로 대표되는 한국의 자본주의에서 벗어나 자연과 더불어 삶의 여유를 찾고, 타인을 배려하고, 현재와 훗날의 '괜찮아'를 위한 공동체적 인간성을 회복하기 위한 운동이 한국의 웰빙 운동이기도 한 것이다.

국내의 웰빙 운동과 함께, 한국 대학생들은 자유공동체적·친환경적 성격을 띠는 한국생협연합회 대학생생협위원회를 조직하여 세계 여러 나라의 대학생들과 교류하며 활동을 전개하고 있다. 이와 비슷한 성격을 지닌 일반인의 국제협동조합동맹(ICA)은 아프리카, 미국, 아시아 태평양, 유럽의 4개 지역 이사회가 있으며, 아시아 태평양 지역은 22개국의 60여 개의 전국 수준의 조직과 1개의 국제조직으로 구성되어 상호 교류 활동이 활발하다. 이 외에 비영리 국제 연대인 NGO를 비롯하여 사회, 종교, 문화·예술, 교육, 환경, 건강, 시민운동 등의 단체가 있다. 지구촌 국제 연대는 날로 증가할 추세인데, 이 또한 곧 일반인의 요구를 반영하는 현상이라 할 수 있다.

이상에서 현 한국 아나키즘의 대내외적 활동과 연대에 대해 간단히 이야기하였지만, 향후 더욱 발전적인 모습으로 지구촌 차원의 연대를 형성하고 활동을 모색하기 위해서는 다음과 같은 몇 가지 한국적 상황을 극복하지 않으면 안 된다.

인류의 발생과 함께 시작된 공생은, 물물교환 시대를 지나 화폐경제 시대로 접어들면서 개인이 노동력 공급(=판매)을 통해 화폐를 취득하는 형태를 띠게 되었고, 노동력 공급을 통한 화폐 획득=의식주 해결의 생존 관계가 성립되면서 노동력을 둘러싼 노동자와 자본가의 투쟁이 발생하였다. 이는 현재도 지속되고 있는 관계이고, 문제이다. 그런데 한국에서는 노동자란 일반적으로 공장, 회사, 농경지 등에서 일하는 사람을 칭하며 교수, 변호사, 의사 등은 스스로를 노동자라 칭하기를 기부한다. 또한 대부분의 한국인은 스스로를 "양반 출신"이라 말하기를 주저하지 않는다. 참고로 여기에서 "양반 출신"이라 할 때의 양반은 명예적인 측면과 더불어 양반의 특권 및 지방 유지, 관리로서의 권위, 특혜를 포함한다. 이런 관점에서, 한국인은 스스로를 노동자라 칭하게 되면 자신이

"양반 출신"이 아닌 농·공·상업을 담당한 상민(常民)이라는 뜻이 되어버리기 때문에 노동자라 칭하기를 거부하고 양반 출신임을 주장하거나 강조하는 것으로 볼 수 있다. 이처럼 한국 사회의 강한 "양반 출신" 인식과 노동자 거부는 노동자에 대한 재평가 문제를 남겨놓았다. 즉 한국에서 "노동자"의 외연을 어디까지 확장할 것인가 하는 문제가 제기되는 것이다.

이에 더하여 인터넷의 발전은 전술한 내용과는 달리 아나키즘적 사고에 부정적인 영향을 미치기도 한다는 점을 이야기하지 않으면 안 된다. 즉 인터넷이 우리 삶 깊숙이 들어오기 전까지 우리가 행해왔던 아날로그적 삶의 과정은 인터넷의 발전과 더불어 모두 축약되고 말았다. 많은 사람이 직접 누군가와 만나 이야기하는 것을 부담스러워 하여 전화조차 거부하고 메일(Mail) 등 문자를 통하여 이야기를 나누고 있다. 이는 자칫 극단적인 개인주의나 이기주의로 치달을 수 있는 가능성을 내포하고 있기도 하다. 직접 만나 서로의 얼굴을 보고 감정을 느끼며 주고받는 소통이 점차 줄어들면서, 많은 것이 단편적, 순간적으로 존재하게 되고 기억될 필요성조차 사라지게 된다. 사고가 단순해지고 사고 능력이 저하되면 더욱 인터넷의 영향을 받기 쉽게 되고, 자신이 직접 사고하여 결정하는 것이 아니라 인터넷에서 제공하는 익명의 단편적이고 왜곡된 정보에 따라 결정하는 일이 증가할 가능성이 커진다. 이처럼 인터넷 발전의 부정적인 측면은 아나키즘적 자유공동체 연대가 사고할 수 있는 사람들만의 것으로 제한되지 않을까라는 우려까지 낳고 있다.

21세기, 자본주의가 심하게 흔들리고 있는 이 시기, 19세기의 고전적(=전통적) 아나키즘의 부활과 지구촌의 자유공동체가 연대하기 위해서는 이 외에 현 한국적인 상황에서 해결하지 않으면 안 될 몇 가지 문제점이 있다. 이 문제에 대한 해답은 지금까지 비난받아온 아나키즘의 문제에 대한 해답이 될 것이고, 가장 원시적이고 원초적인 아나키즘인 상호부조를 통한 의식주=공생을 목표로 한 것이기도 하다. 따라서 여기에서는 경제·정치적인 문제를 중심으로 간단히 이야기한다.

먼저, 한국은 현 사회적 상황에서 지구촌 공동체 연대를 이루기 위해 무엇보다도 미국의 압도적인 군사력과 달러를 이용한 한국 지배 체제하에서 벗어나야 한다. 이러한 체제하에서 한국은 기초적인 부분에서부터 결코 자유로울 수 없기 때문이다. 둘째, 현 경제적 상황에 대한 분석이 이루어져야만 한다. 금융의 글로벌화, 즉 국내 금융시장이 국제 투기 자본에 전면적으로 개방되면서 한국 사회는 1997년에 굴욕적인 IMF 경제 위기를 경험해야만 했다. 그리고 미국 론스타는 외환은행을 매수하여 약 4조 6,000억 원이라는 이익을 남기고 유유히 한국을 떠났다. 이는 경제 개방 및 IMF의 문제점을 극복하기 위한 연구가 전혀 진행되지 않았다는 것을 의미하며, 경제 개방의 문제점은 결국 국민의 부담으로 남았다. 이 외에도 WTO 등에 의한 경제 제재를 극복하는 문제가 남아 있다. 셋째, 미국을 제외한 다른 지역과의 공동 시장과 새로운 국제경제 질서를 구축해야 한다. 이에 대해서는 지금까지 EU형의 지역공동체가 새로운 국제경제 질서의 모델이었으나 현 유로존의 경제 위기 상태가 극복되지 않는 한 또 다른 대책이 연구되고 마련되어야 할 것이다.

다음으로 에코 아나키즘, 친환경적 아나키즘에 대한 계급적 시차(視差)를 해결해야만 한다. 이와 더불어 지구촌 자유공동체 연대 구성원에 대한 규정이 필요하고, 지구촌 자유공동체 연대의 형태에 대한 연구도 필요하다. 또한 지구촌 자유공동체 연대를 형성하여 운동을 전개해나가기 위해서는 연대 운동과 관련된 이론을 정립하지 않으면 안 되며, 이는 국제법의 검토를 통해 이루어져야 할 것이다.

21세기의 한국적 아나키즘은 강한 "양반 인식", 인터넷의 부정적인 요소 그리고 전통 아나키즘의 문제점을 현재적인 관점에서 극복해가면서 지구촌 자유공동체 연대를 형성하고 운동을 전개해나간다는 점에서 의미가 크다고 할 수 있다. 세계 차원의 친환경적 아나키즘이라 할 수 있는 한국의 웰빙 운동은 자연 파괴로 인한 지구적 차원의 재해 문제의 해결책이면서 동시에 물질만능주의에서 벗어나 인간상을 회복하는 길이기에 향후 그 발전을 크게 기대해본다.

참고 문헌

자유사회운동연구회, 1995, 『아나키즘연구』 창간호, 국민문화연구소.

자유사회운동연구회, 2002, 『아나키즘연구』 2호, 국민문화연구소.
크로포트킨, 1993, 『근대과학과 아나키즘』, 하기락 역, 新命.
森村 進, 2001, 『自由はどこまで可能か＝リバタリアニズム入門』, 講談社.
松田道雄, 1963, 『アナキズム』, 筑波書房.
羽通明, 2004, 『アナキズム 名著でたどる日本思想入門』, 筑摩書房.
에코팜뉴스(http://www.phoenix-c.or.jp/~m-ecofar/opinion.html) 참고.
關西アナキズム研究會(http://kansaianarchismstudies.blogspot.kr/) 기사 참고.